KB215902

｜공무원 9급 공개경쟁채용 필기시험 모의고사｜
영어

응시번호		문제책형
성명		**가**

제1과목	국어	제2과목	영어	제3과목	한국사
제4과목	행정법총론		제5과목	행정학개론	

응시자 주의사항

1. **시험시작 전 시험문제를 열람하는 행위나 시험종료 후 답안을 작성하는 행위를 한 사람**은 「공무원 임용시험령」 제51조에 의거 **부정행위자**로 처리됩니다.

2. **답안지 책형 표기는 시험시작 전 감독관의 지시에 따라 문제책 앞면에 인쇄된 문제책형을 확인**한 후, **답안지 책형란에 해당 책형(1개)을 '●'로 표기**하여야 합니다.

3. **답안은 문제책 표지의 과목 순서에 따라 답안지에 인쇄된 순서에 맞추어 표기**해야 하며, 과목 순서를 바꾸어 표기한 경우에도 **문제책 표지의 과목 순서대로 채점**되므로 유의하시기 바랍니다.

4. 시험이 시작되면 문제를 주의 깊게 읽은 후, **문항의 취지에 가장 적합한 하나의 정답만을 고르며**, 문제내용에 관한 질문은 할 수 없습니다.

5. **답안을 잘못 표기하였을 경우에는 답안지를 교체하여 작성**하거나 **수정할 수 있으며**, 표기한 답안을 수정할 때는 **응시자 본인이 가져온 수정테이프만을 사용**하여 해당 부분을 완전히 지우고 부착된 수정테이프가 떨어지지 않도록 손으로 눌러주어야 합니다. **(수정액 또는 수정스티커 등은 사용 불가)**

6. **시험시간 관리의 책임은 응시자 본인에게 있습니다.**
   ※ 문제책은 시험종료 후 가지고 갈 수 있습니다.

특별 혜택 및 교재 관련 문의

1. 모바일 자동 채점 + 성적 분석 서비스: 시험지의 QR 코드 스캔

2. 해설 강의: 해커스공무원(gosi.Hackers.com) 접속 후 로그인 ▶ 상단의 [나의 강의실] ▶ 좌측의 [쿠폰등록] ▶ 쿠폰번호 입력

3. 영어 무료 특강: 해커스공무원(gosi.Hackers.com) 접속 후 로그인 ▶ 상단의 [무료강좌] ▶ 좌측의 [교재 무료특강]

4. 교재 관련 문의: gosi@hackerspass.com / 해커스공무원 사이트(gosi.Hackers.com) 교재 Q&A 게시판 / 카카오톡 플러스 친구 [해커스공무원 노량진캠퍼스]

제1회 실전모의고사

모바일 자동 채점 + 성적 분석 서비스

※ QR코드를 스캔하여 <모바일 자동 채점 + 성적 분석 서비스>를 활용해 보세요.

[1 ~ 3] 밑줄 친 부분에 들어갈 말로 가장 적절한 것을 고르시오.

1.

> When handling the ancient book, museum employees wore gloves and worked gently to avoid damaging its _____ pages.

① duplicate   ② hardy
③ delicate   ④ flat

2.

> Despite the opinion that America's early elite hoarded wealth, they were _____ and donated millions of dollars to establish schools, libraries, and hospitals for the common good.

① greedy   ② plain
③ corrupt   ④ generous

3.

> Maasai beadwork plays an important role in the culture: since it _____ a written language, the tribe uses it as a record that can be referred to later and passed on to others.

① doesn't develop
② wasn't developed
③ has never developed
④ has never been developed

[4 ~ 5] 밑줄 친 부분 중 어법상 옳지 않은 것을 고르시오.

4.

> All government actions ① <u>meant</u> to increase international cooperation must address both economic stability ② <u>and diplomatic relations</u>. Only ③ <u>through</u> these factors can governments ensure that they build a global community ④ <u>whose</u> benefits the citizens of the globe by promoting development and resolving conflict.

5.

> The Federal Reserve, the central bank of the United States, ① <u>started</u> operations in 1913. The board members of the Federal Reserve determine the country's monetary policies, and part of ② <u>their</u> responsibility is managing interest rates. When periods of high inflation cause citizens ③ <u>to panic</u>, the board can raise interest rates. ④ <u>Slowing</u> by the higher interest rates, the economy experiences less inflation.

[6 ~ 7] 밑줄 친 부분에 들어갈 말로 가장 적절한 것을 고르시오.

6.

Erica Lucas
Good morning. I'd like to inquire about purchasing bus tickets to Detroit for a workshop next Thursday.
13:10 p.m.

Chris Sanders
Thank you for calling. There are departures to Detroit every hour starting at 5 a.m. What time would you prefer?
13:11 p.m.

Erica Lucas
I have to be there in the morning, so a six o'clock bus would be perfect. How much is the ticket for that one?
13:13 p.m.

Chris Sanders

_____
_____
13:14 p.m.

Erica Lucas
I'll only need a ticket to get there.
13:15 p.m.

Chris Sanders
In that case, it'll be $15 including tax.
13:17 p.m.

① Do you want a basic or VIP seat?
② Can you give me your contact number?
③ How many tickets would you like to book?
④ Would you like a one-way or return ticket?

7.

> A: Should we take the next subway to the park?
> B: I don't have any money on my metro card.
> A: Why don't you recharge it at the kiosk?
> B: I've never used one of those new kiosks before. Is it difficult?
> A: Actually, it's quite simple. _____ _____.
> B: Oh. That is very easy. Do I have to put in a particular amount?
> A: No. You can decide how much to add.
> B: That's perfect. I'll do it now.

① You can get a discount for recharging it online
② You only need to swipe your card at the ticket gate
③ Just place your card on the machine and insert cash
④ Just do it when you have some free time later

[8 ~ 9] 다음 글을 읽고 물음에 답하시오.

Newport Regional Library

Mission

We aim to facilitate access to knowledge for citizens of Newport and the surrounding areas by <u>promoting</u> reading and learning. Through diverse resources, programs, and technology, the Newport Regional Library helps members explore and connect to the world.

New Services

A state grant has allowed the library to roll out exciting new services for users. Library members can now utilize an e-book lending platform to borrow digital copies of some books. In addition, the library's databases are now accessible to registered users remotely from any computer or mobile device with the library's app. These services will put literature and information at everyone's fingertips.

Requirements for Using New Services

· Library membership: All users need to have a current library card.
· Registered PIN: Users must sign up for a PIN at their local library branch to use as a password.

8. 윗글에서 Newport Regional Library에 관한 내용과 일치하는 것은?

　① Its new services are only available to people who live in Newport.
　② Government funding has made the new services possible.
　③ A library computer must be used to access the library's databases.
　④ Library cards are no longer needed as long as users have a PIN.

9. 밑줄 친 promoting의 의미와 가장 가까운 것은?

　① raising
　② encouraging
　③ publicizing
　④ sponsoring

[10 ~ 11] 다음 글을 읽고 물음에 답하시오.

(A)

History connects us to our roots, reminding us of the people and events that shaped our community.

Unfortunately, we may lose part of this connection if nothing is done to save Brennan House. This historic building dating to 1836 was once the heart of our town's early government, serving as both our first courthouse and meeting hall. Now, it is falling apart.

If we work together, though, there's still time to save it. A public meeting will be held to discuss restoration plans and how you can help preserve this irreplaceable piece of our town's past.

Sponsored by the Campbell Creek Heritage Preservation Society

Location: Llewelyn Marshall Elementary School, Auditorium
Date: Friday, October 5
Time: 7:00 p.m. − 8:30 p.m. (doors open 30 minutes before the meeting starts)

For questions about the meeting, please visit www.brennanhouse-restore.org.

10. (A)에 들어갈 윗글의 제목으로 가장 적절한 것은?

　① Brennan House Is in Danger
　② Architectural Features of Brennan House
　③ Proposal for the Future Uses of Brennan House
　④ Importance of Brennan House to Tourism

11. 위 안내문의 내용과 일치하지 않는 것은?

　① Brennan House는 마을 최초의 법원이었다.
　② Brennan House를 보존하려면 협력이 필요하다.
　③ 회의에서 복원 계획을 논의할 예정이다.
　④ 회의장은 오후 7시부터 입장할 수 있다.

12. 다음 글의 목적으로 가장 적절한 것은?

To	subscribers@websafeisp.com
From	support@websafeisp.com
Date	June 1
Subject	Internet safety

B I U ¶ ✐ A· T· ⊖ ▣ 🔗 ☰ ☰ ☰ ↺ ↻ </>

Dear Subscribers,

Children are spending more time online than ever before. While the Internet offers learning and entertainment, it also comes with risks. To keep your children safe online, please follow these essential guidelines:

1. Educate your children about online dangers, including cyberbullying, predators, and scams.
2. Enable privacy settings on all the social media and gaming platforms your children use.
3. Activate WebSafe's Family Protection features to automatically filter out inappropriate content for your children.
4. Set limits on the amount of screen time your children can have.

For more tips and tools on digital safety, visit WebSafe's Online Safety Center.

Sincerely,
WebSafe ISP Support Team

① to provide instructions on installing an ad blocker
② to provide a list of websites children often visit
③ to provide guidance on protecting children from online risks
④ to provide strategies for reducing children's screen time

13. 다음 글의 주제로 가장 적절한 것은?

The hyperloop, a high-speed transportation system, is moving closer to becoming a reality. Unlike traditional trains whose wheels touch the ground and create friction, this technology propels train cars through depressurized tubes using powerful magnets. Since they don't touch the track and have almost no air to slow them down, these trains can reach extremely high speeds; it is theorized that once the system is fully developed, it will be possible to move trains at speeds of up to 1,220 kilometers an hour, drastically cutting transportation times. The system also promises to be more environmentally friendly than current transportation options as it could run on electricity sourced from renewable energy. While technical and financial challenges remain, steady progress toward the hyperloop's commercial viability is being made.

① Proposals for reducing friction in railway travel
② Demand for renewable energy in public transit
③ Technical and financial challenges of developing new transit infrastructure
④ Advancement of high-speed transportation technology

14. 다음 글의 내용과 일치하지 않는 것은?

Tours of Empire Stage Theater run seven days a week from 9:00 a.m. to 4:00 p.m. and last approximately 60 minutes. Tickets are available for purchase online or in person at the box office for $45 per person, although please note that the box office is cashless, only accepting debit and credit cards and mobile payments. A special group rate offering a 20 percent discount on regular ticket prices applies to parties of 15 guests or more.

The tour route requires the use of stairs and elevators. Guests with mobility limitations may request wheelchair transport for the tour, free of charge, but advance notice of 24 hours is recommended to ensure availability.

- Audio and video recording is prohibited, but tour guests are permitted to take photos.

For more information, please contact Guest Relations at 1 (800) 245-2924.

① The tour is about an hour long.
② The box office does not accept cash payments.
③ Free wheelchair transport is available for guests with mobility challenges.
④ The use of a camera is prohibited on the tour.

15. 다음 글의 요지로 가장 적절한 것은?

Digital Wellbeing
Maintaining digital wellbeing has become an important consideration in the modern world. This entails keeping a healthy relationship with technology and ensuring that it enhances, rather than hinders, our lives.

Digital Detox
A digital detox is a period in which the use of digital services and devices, such as the Internet, smartphones, and computers, is greatly reduced or eliminated in order to counteract the overuse of the technology and the stress, reduced productivity, and strained relationships that it can cause in one's life.

Digital wellbeing can be greatly improved by the practice of digital detox, but it may be only a temporary solution. Truly achieving the long-term benefits of digital wellbeing generally requires a consistent approach that includes mindful usage, boundaries, and healthy habits to foster long-term harmony with technology.

① Digital wellbeing requires one to give up online services.
② Digital wellbeing is best achieved through managing technology usage.
③ Digital wellbeing can be a barrier to life in today's world.
④ Digital wellbeing leads to an increase in productivity.

16. 다음 글의 흐름상 어색한 문장은?

Presentation skills are essential in academic, professional, and public settings. ① Regardless of their purpose, presentations need to have clear organization, confident delivery, and audience engagement. ② To achieve these and ensure a smooth and impactful delivery, one must prepare in advance and practice the presentation thoroughly. ③ Nearly any topic or assignment can be adapted to a presentation that allows concepts to be better explained to a general audience. ④ The more you work on developing your presentation skills, the more confident and persuasive you will be. Once developed, your presentation skills will allow your messages to be conveyed more effectively and leave a lasting impression on your audience no matter who they may be.

17. 주어진 문장이 들어갈 위치로 가장 적절한 것은?

While volunteer work offers clear personal benefits, its broader impact on society is far more significant.

Volunteering refers to the practice of freely offering one's time, skills, or resources to help others. (①) Many see volunteering as a valuable way to gain skills, build experience, and strengthen résumés, a perspective reinforced by the fact that many schools require community service for graduation. (②) Community services, such as those that support vulnerable populations, education, and public health, often operate with limited funding and resources. (③) Volunteers ultimately provide a solution to these shortfalls. (④) By stepping in to support essential programs, they help ensure that communities receive the assistance they need.

18. 주어진 글 다음에 이어질 글의 순서로 가장 적절한 것은?

Conducting a scientific experiment requires careful preparation. A researcher starts with a hypothesis and collects all the tools and materials needed to prove or disprove its validity.

(A) Any relevant observation that is made while performing these actions is carefully recorded.

(B) With the data documented, the results can be analyzed. If they support the hypothesis, repeating the experiment may confirm the conclusion; if not, the entire process must begin again with a revised hypothesis.

(C) Once everything is in place, a strict procedure is followed. This may include controlling certain conditions and making precise measurements.

① (B) - (A) - (C)　　② (B) - (C) - (A)
③ (C) - (A) - (B)　　④ (C) - (B) - (A)

[19 ~ 20] 밑줄 친 부분에 들어갈 말로 가장 적절한 것을 고르시오.

19.

Technological advancements can be extremely disruptive when they are first introduced. In many cases, the improved productivity they immediately allow reduces the need for human workers, eliminating jobs. However, as these technologies become integrated into various industries over time, specialized skills related to them become increasingly valuable. Companies need workers who can continuously maintain and improve these new systems, ultimately causing a _____. As a result, while there may no longer be a need for certain traditional jobs, workers who adapt their skills to meet evolving technological demands often discover entirely new opportunities.

① decline in workplace productivity
② transformation of the employment landscape
③ stagnation of essential workplace skills
④ rise in job dissatisfaction

20.

The input hypothesis, developed by linguist Stephen Krashen, is related to how a first language is acquired: a child progresses with constant exposure to natural uses of the language that are slightly more advanced than his or her current level of competence rather than learning in a traditional classroom. For second-language acquisition as well, _____: receiving communicative language input that is comprehensible yet challenging is most imperative. Both first- and second-language learners sharpen their skills by encountering on a regular basis grammatical structures and vocabulary that test their boundaries of comprehension but do not exceed them. Krashen argues that consistent and natural interactions of this sort that force the learner to actively strive to grasp the meaning of the language input will result in true fluency over time.

① fluency is not always possible
② grammar is the key to communication
③ children are more likely to succeed
④ formal instruction alone is insufficient

제2회 실전모의고사

모바일 자동 채점 + 성적 분석 서비스

※ QR코드를 스캔하여 <모바일 자동 채점 + 성적 분석 서비스>를 활용해 보세요.

[1 ~ 3] 밑줄 친 부분에 들어갈 말로 가장 적절한 것을 고르시오.

1.
> The company's spokesperson strongly denied that she had lied to the public, saying that she resented the _____.

① evidence　　　　② criticism
③ awareness　　　④ clarity

2.
> Over the past 70 years, the US economy has followed a similar path of recovery following every recession, suggesting its business cycle has _____.

① affluence　　　　② consequence
③ dependence　　　④ consistency

3.
> When I took a nap, I heard some noise _____ from the construction site.

① blared　　　　② blaring
③ to blare　　　④ be blared

[4 ~ 5] 밑줄 친 부분 중 어법상 옳지 않은 것을 고르시오.

4.
> One of the biggest ① underline(advantages) of the coding bootcamp that you are enrolled in ② underline(is) that it fully prepares those who complete it for a career in computer programming, which is a lucrative field. ③ underline(Despite) the program is intensive, many people find it ④ underline(rewarding).

5.
> The field of literary analysis is ① underline(full of) varying approaches. Some critics ② underline(believing) they can understand the historical and cultural context of a work ③ underline(well enough) to pinpoint an author's intention, even when the author has been dead for over a hundred years. Then, there are ④ underline(those) who dedicate themselves to only appreciating the textual elements: language style, plot, and literary devices.

[6 ~ 7] 밑줄 친 부분에 들어갈 말로 가장 적절한 것을 고르시오.

6.

Mark Dobbins
Are you ready for the new employee orientation?
15:12

Liz Adams
Everything is almost ready. I just need to remind the new hires to get their employee ID badges in advance.
15:12

Mark Dobbins
Why don't you send them all an email?
15:13

Liz Adams
I don't have all of their email addresses.
15:14

Mark Dobbins
Oh, I see. You can find them in their employment files.
15:15

Liz Adams
Where can I get those?
15:15

Mark Dobbins
_____
15:15

① You can send it to everyone at once.
② I made a list of their contact information.
③ Just ask the HR Department for the records.
④ You should check the address you sent it to.

7.
> A: Are you ready for your trip?
> B: Yes, I've been packing all day. I think I have everything.
> A: That's great! Where will you go?
> B: Malibu. I'm so excited.
> A: Oh. _____
> B: The California coast. It's marvelous. I can't wait to jump into the ocean.
> A: I hope you have an unforgettable time.

① What are you going to do there?
② Will you use a car rental service?
③ What attracts you to that place?
④ Will you buy some snorkeling gear?

[8 ~ 9] 다음 글을 읽고 물음에 답하시오.

To	All district operations staff
From	Michael Norris
Date	April 4
Subject	A quick note

Hi, Team.

I just wanted to send a quick note before our first scheduled meeting on Monday morning. I'd like to tell you a little bit about me as your new District Operations Manager and say how pleased I am to be working with all of you.

In case you weren't aware, prior to my assignment here, I was the company's District Operations Manager in Houston, Texas, for 12 years. During that time, we were <u>consistent</u> leaders in terms of productivity and efficiency, thanks to our shared values of teamwork, responsibility, and open communication.

I hope this brief introduction gives you some idea of how I approach the job. Naturally, I am also eager to learn about your own methods and will be relying on your input and guidance in the coming weeks. See you on Monday!

Sincerely,
Michael Norris

8.　윗글의 목적으로 가장 적절한 것은?

① 몇 주 동안 직원들에게 영향을 미치고 있는 문제를 논의하려고
② 동료의 승진을 축하하려고
③ 새로 배정된 팀의 리더로서 간단히 인사하려고
④ 모든 직원이 다가오는 회의의 안건을 숙지하도록 하려고

9.　밑줄 친 consistent의 의미와 가장 가까운 것은?

① regular
② logical
③ compatible
④ agreeable

[10 ~ 11] 다음 글을 읽고 물음에 답하시오.

(A)

Celebrate the longest day of the year at the Redford Summer Solstice Festival! What better way to spend a day of sunshine than by attending a community-wide event that shows off the art and music of local creatives?

Information
■ **Date & Location:** Saturday, June 21, at Redford Community Park
■ **Time:** 2:00 p.m. – 10:00 p.m. (LED light show finale starts at 9:00 p.m.)
■ **Admission:** $10 for adults; free for children under 13. (All proceeds support performing artists)

Main Attractions
■ **Music performances**
Dance the day away with over six hours of live music, featuring local bands and a drum circle.
■ **Craft Market**
Explore unique handmade items, from pottery to clothing, created by talented artists. These make great gifts for yourself or others.

Spots are still available for vendors at the craft market. If you are interested in participating, call event coordinator John Benning at (898) 670-3910.

10.　(A)에 들어갈 윗글의 제목으로 가장 적절한 것은?

① Make Your Own Pottery
② Appreciate Creativity on the Longest Day
③ Show Off Your Moves
④ Try Traditional Solstice Rituals

11.　Redford Summer Solstice Festival에 관한 윗글의 내용과 일치하지 않는 것은?

① 하루 동안 진행된다.
② 13세 이상의 방문객은 입장료를 내야 한다.
③ 수공예품이 판매될 예정이다.
④ 행사 진행자에게는 이메일로 연락할 수 있다.

12. 다음 글의 주제로 가장 적절한 것은?

Social media sites allow people to share information and ideas, but they can become "echo chambers"— closed spaces in which ideas from those with similar stances are constantly repeated. When this happens, participants become convinced that their positions are absolute. With no opposition, or fact-checking, the homophily that occurs on these sites makes them fertile ground for misinformation. Unfortunately, if it takes place, it leads to not only a polarization of members but also radicalization that can result in dangerous outbursts. The US's January 6 Capitol insurrection in 2021 is a prime example of this. The attempted coup was largely organized through social media sites where people with fringe views gathered and planned to stop the transfer of power in one of the longest-standing democratic governments in the world.

* homophily: 동종 선호

① Finding Allies on Social Media
② Radicalization Versus Social Interaction
③ How to Plan Events Using Modern Web Pages
④ Dangers of Reinforced Beliefs Online

13. Commission of Election Assistance에 관한 다음 글의 내용과 일치하는 것은?

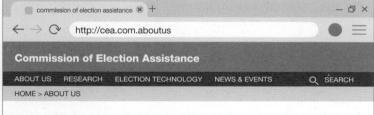

Commission of Election Assistance (CEA) Duties

The CEA was established in 2002 to facilitate the voting process for both local and national elections. As part of this mission, the CEA develops and distributes voting guidelines to election officials. These guidelines serve as the standard for election procedures and must be followed to ensure secure, efficient, and accessible practices for all eligible voters. The CEA is also responsible for evaluating voting technologies. A voting system can only be implemented once it has been certified by the CEA. In addition, the CEA oversees the national voter register, with updates to voter information—such as name or address changes—securely stored on the commission's servers.

① It assists both general and local elections.
② It sends its guidelines directly to voters.
③ It develops voting system technologies.
④ It approves or rejects changes to voting registration.

14. 다음 글의 내용과 일치하지 않는 것은?

People with multiple children often marvel at how dissimilar they are despite being raised in the same environment. But, research indicates that there is a good explanation for this—birth order. Firstborn children tend to be more well-behaved and responsible, while those that come later are more undisciplined and self-centered. Australian psychiatrist Alfred Adler believes that firstborn children adhere to rules better and act as small versions of their parents in part due to the amount of attention they got from their parents during the portion of their infancy when they were the only child in the home. This also results in firstborn children being more willing to work within a system to achieve success. Later-born children, on the contrary, with their more indulgent childhoods, are generally more independent and attention-seeking after fighting for validation from their parents. However, they also have a propensity to be more free-thinking and creative than their firstborn siblings.

① 부모는 자녀들 간의 엄청난 성격 차이에 놀랄 수 있다.
② 먼저 태어난 아이는 외동으로 자라 온 시간 때문에 다루기 힘든 경우가 많다.
③ 부모들은 보통 동생이 태어나기 전까지 첫째 아이에게 많은 관심을 준다.
④ 나중에 태어난 아이들은 첫째 아이보다 상상력이 풍부할 가능성이 더 크다.

15. 다음 글의 요지로 가장 적절한 것은?

According to the *Zohar*, the foundational book of the mystical offshoot of Judaism known as Kabbalah, "Before He gave any shape to the world, before He produced any form, He was alone, without form and without resemblance to anything else." This refers to the sacred being *Ein Sof*, which literally means 'nothing' (Ein) and 'limitation' (Sof) and is more colloquially translated as 'unending' or 'infinite' to describe the entity we commonly refer to as God today before the creation of all that is known. The concept places the creator at a level so far apart from humanity that it is entirely incomprehensible in human terms. In fact, the infinite being is so removed from our mortal understanding that it can be considered nonexistent and cannot be given a name, as doing so would impose an impossible human confine on it.

① Judaism has split into competing sects over time.
② Ein Sof is the nearly incomprehensible God before creation.
③ The *Zohar* provides humans connections to infinite beings.
④ Kabbalah adherents better understand human limitations.

16. 다음 글의 흐름상 어색한 문장은?

Meta-ethics is not concerned with differentiating between right and wrong actions. Instead, it asks questions about the very nature of ethics and the moral language that is used to discuss it. ① What "morality" actually is, and what we mean by "good" and "evil" are common topics for philosophers studying meta-ethics. ② To get to the bottom of these ethical questions, philosophers might contemplate if objective moral values even exist or if they are just the product of human conventions. ③ As societies become more advanced, they begin to debate the ethical importance of dictating moral requirements to their members. ④ Likewise, they might focus on whether statements like "Stealing is wrong" are factual or just a moral opinion. Some even speculate that it is impossible to obtain moral knowledge and that asking such questions is therefore irrelevant.

17. 주어진 문장이 들어갈 위치로 가장 적절한 것은?

Overly involved supervision isn't only a bottom-line problem, as it doesn't just reduce output.

What happens when managers are too involved in their employees' work? In general, their micromanagement negatively impacts the business. (①) It results in inefficiency—having a manager directing every minute detail slows down production. (②) It can cause employees to have lower morale; they begin to feel that their contributions are unappreciated by their bosses. (③) Experts indicate that it also debases trust in the workplace; this can bring on feelings of indignation and disloyalty among employees. (④) In extreme cases, employee turnover can escalate. Feeling taken for granted and suspicious can ultimately force people to look for new employers—leaving the micromanager constantly searching for new employees who are never trained well enough to fulfill their expectations or the company's needs.

18. 주어진 글 다음에 이어질 글의 순서로 가장 적절한 것은?

Some leaders draw followers through more than just their leadership abilities or accomplishments.

(A) By doing so, the populace comes to view them as extraordinary, charismatic figures who embody all the most desirable characteristics.

(B) Instead, they carefully control their public image through strategic messaging and media manipulation.

(C) Over time, this elevation of a persona creates an almost religious devotion among followers. Seeing their leader as infallible, they often overlook any shortcomings or contradictory evidence, attributing all success to the leader's supposed brilliance.

① (A)－(C)－(B)　　② (B)－(A)－(C)
③ (B)－(C)－(A)　　④ (C)－(A)－(B)

19. 밑줄 친 부분에 들어갈 말로 가장 적절한 것은?

The number of people working from home has risen in recent years, causing a new office structure to evolve, the hybrid office, which provides businesses with the networking and physical facilities they need to retain their _____. While companies with physical premises have an advantage, since they can easily get their employees together and host clients, virtual offices give those with remote workers comparable options. Modern virtual office facilities are equipped with mail services, conference rooms, and meeting spaces that allow occupants to offer services equivalent to their rivals. These level the playing field between companies that do not have their own physical location and their more traditional counterparts.

① recognition
② allowances
③ limitations
④ competitiveness

20. 밑줄 친 (A)와 (B)에 들어갈 말로 가장 적절한 것은?

The Stoic philosophers of ancient Greece recognized that extreme positions are untenable and ultimately generate ill will in society, necessitating the need for a concept embraced by Aristotle, "the golden mean." This is a form of moderation in which options in the middle ground are preferred, as they generally satisfy the larger group better than extreme positions: when everyone gives a little, no one ends up resentful. __(A)__, we should bear in mind, this does not simply mean opting for a 50-50 compromise. Selecting an alternative closer to one end of the spectrum, __(B)__, may better serve the needs of the group members as a whole and engender greater fulfillment for all involved.

	(A)	(B)
①	Nonetheless	by chance
②	Therefore	in summary
③	Hence	for instance
④	However	in fact

제3회 실전모의고사

모바일 자동 채점 + 성적 분석 서비스

※ QR코드를 스캔하여 <모바일 자동 채점 + 성적 분석 서비스>를 활용해 보세요.

[1 ~ 3] 밑줄 친 부분에 들어갈 말로 가장 적절한 것을 고르시오.

1.
> Because microwave ovens cook by sending waves through items, any differences in size or shape can cause _____ temperatures in food.

① excessive   ② subtle

③ noticeable   ④ uneven

2.
> The giant rock in Arches National Park known as *Balanced Rock* was formed after millions of years of erosion left its position seemingly _____.

① aggressive   ② unstable

③ obvious   ④ disastrous

3.
> I'll dedicate a lot of time to my hobbies when I _____ next year.

① will retire   ② was retiring

③ will have retired   ④ retire

[4 ~ 5] 밑줄 친 부분 중 어법상 옳지 않은 것을 고르시오.

4.
> In endurance sports, it is widely accepted that athletes who spend more time ① <u>training</u> will perform the best in competition. However, data suggests that when athletes push ② <u>themselves</u> beyond the point of maximum yield, it may ③ <u>result</u> diminishing returns that pose an increased risk of injury. Determining how much training an individual ④ <u>athlete needs</u> can only be resolved on a case-by-case basis.

5.
> Livestock farming is one of the most negative factors ① <u>responsible</u> for pollution. It not only causes greenhouse gases but also environmental destruction ② <u>to clear</u> land upon which animals can be raised. ③ <u>Comparing</u> to automobiles, livestock that we breed for food produce much larger amounts of emissions. Because protecting the environment from unnecessary damage is ④ <u>of</u> major importance today, many suggest modifying our diets to a more environmentally friendly way of eating.

[6 ~ 7] 밑줄 친 부분에 들어갈 말로 가장 적절한 것을 고르시오.

6.
> A: You've reached the reservation department of Riverside Event Spaces. What can I do for you today?
> B: Hello. I want to reserve a space for a party tomorrow night.
> A: OK. We have two spaces available: The Magnolia Room and The Rose Suite.
> B: _____?
> A: The Magnolia Room is suitable for groups of 20 or fewer. The Rose Suite can accommodate up to 50.
> B: We'll have around 20. How much are they?
> A: $300 and $450 respectively.
> B: That's not a huge difference. I'll take the Rose Suite.

① Are taxes included in the cost

② How many people will each hold

③ What amenities do they come with

④ Do you provide flower arrangements

7.

 Claire Smith
Hello. I received a parking ticket this morning. But I don't know how to pay it.
2:40 p.m.

Sam Baxter
Hi. You have a few options. You can pay it online by credit card, send in a check by mail, or stop by the parking enforcement office in person if you want to pay cash.
2:41 p.m.

 Claire Smith
I think online is easiest. How long do I have to make the payment?
2:43 p.m.

Sam Baxter
_____
2:44 p.m.

 Claire Smith
Sure. It's 281714.
2:45 p.m.

Sam Baxter
It looks like you have 14 days to pay before any late fees apply.
2:47 p.m.

① Where did you get the ticket?

② Did you check the parking rules?

③ What is your credit card number?

④ Can you give me the ticket number?

[8 ~ 9] 다음 글을 읽고 물음에 답하시오.

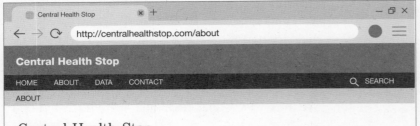

HOME　ABOUT　DATA　CONTACT　🔍 SEARCH
ABOUT

Central Health Stop

What Is Central Health Stop?

Central Health Stop (CHS) is a portal providing access to health care data from around the world in one convenient location. It is a gateway for those conducting research and for policymakers who need reliable information about health care systems and their impact on the public.

Who Are We?

CHS was collaboratively developed by two teams at the World Health Institute and the National Research Organization. These groups consisted of medical experts and academic researchers who had difficulty finding objective health data.

How Is Data Organized?

All information is provided in machine-readable formats. This allows it to be easily searched. Further, all data is tagged with location, age, gender, ethnicity, and disease/condition markers, permitting quick searches for specific types of information that can be easily compared.

8. 윗글에서 Central Health Stop에 관한 내용과 일치하는 것은?

① It provides access to health care services from anywhere.
② It was intended to be used by the general public.
③ It was created by two medical researchers.
④ It labels data to allow it to be found and evaluated.

9. 밑줄 친 objective의 의미와 가장 가까운 것은?

① current
② targeted
③ unbiased
④ physical

[10 ~ 11] 다음 글을 읽고 물음에 답하시오.

(A)

Help keep our community a place of giving by saving the Meals on Wheels program.

Due to a shortage of volunteers, the Meals on Wheels program is struggling to deliver hot meals to the elderly and those with mobility issues.

We need your help to save this important service. The Meals on Wheels team is organizing a volunteer drive, and we encourage you to attend and bring friends, family, and neighbors. Together, we can develop a plan to keep this program running.

Let's make sure Meals on Wheels never stops serving those in need.

Organized by the Clarktown Chapter of Meals on Wheels
* **Location**: Clarktown High School Auditorium
* **Date**: Tuesday, March 14, 2025
* **Time**: 7:00 p.m. (expected to last one hour)

To learn more about Meals on Wheels and volunteer duties, please visit the FAQ page on our website at www.mealsonwheels/clarktown.com.

10. (A)에 들어갈 윗글의 제목으로 가장 적절한 것은?

① Appreciation for Local Volunteers
② Support Needed for Volunteer Program
③ Impact of Volunteer Programs in Clarktown
④ Celebrating a Variety of Volunteer Opportunities

11. 위 안내문의 내용과 일치하지 않는 것은?

① 자원봉사 프로그램은 도움이 필요한 이들에게 음식을 제공한다.
② 특정 지부에서 캠페인을 주최한다.
③ 자원봉사자 캠페인은 오후 9시에 끝날 예정이다.
④ 웹페이지에서 자원봉사자의 임무에 관한 정보를 확인할 수 있다.

12. 다음 글의 목적으로 가장 적절한 것은?

To	subscribers@streaminglyplus.com
From	accounts@streaminglyplus.com
Date	April 6
Subject	Upcoming changes

B I U ¶ ✐ A T⁻ ⊖ ▣ ❧ ◆ ≣ ≣ ≣ ↺ ↻ </>

Dear Valued Subscriber,

Thank you for your continued support of Streamingly Plus. In order to continue providing you with the high-quality content you've come to expect, we're making changes to our account-sharing policy, which will come into effect on May 1. Here's what you need to know:

1. Each account should only be used by members of one household.
2. Streaming is limited to four devices at the same time, per account.
3. Users can transfer existing profiles to new accounts without losing their watch lists or personal recommendations.
4. Accounts will be monitored for compliance, and violations may result in restricted access or additional charges.

If you have any questions, please visit our Help Center.

Sincerely,
Streamingly Plus

① to provide details on a revised policy
② to promote the release of new content
③ to request charges for account sharing
④ to notify subscribers of site maintenance

13. 다음 글의 주제로 가장 적절한 것은?

Office workers traditionally had to commute to a physical workplace. Recently, however, more companies are seeking workers who can work remotely, as this requires less office space. The increasing demand for these types of staff has given rise to a new form of worker who is location independent, remotely connected, and free to wander the world—digital nomads. Experts say that the trend is likely to persist, as people embrace the freedom afforded by the digital nomad lifestyle. In fact, in the US, their numbers rose by 50 percent in one year, and they soon might represent one-third of the total workforce. Who knows where the trend will end?

① methods for improving your commute
② shifts in the workplace organization
③ requirements of workplace digitalization
④ benefits of location independence in work

14. 다음 글의 내용과 일치하지 않는 것은?

The island "paradise" of Bali is overrun by tourism. Due to its natural beauty and welcoming culture, Bali attracts throngs of tourists every year. The number of tourists visiting the island more than tripled from 2.1 million in 2022 to 7 million in 2024. Unfortunately, the small island cannot accommodate so many newcomers, which has brought about overcrowding and environmental degradation. Groundwater extraction for the tourism industry has dried up half of Bali's rivers. And the refuse generated by holiday-makers is polluting the other half, with trash and plastic bottles flowing down the island's meandering streams towards the sea where they eventually litter the once-pristine beaches. Yet officials still have not soured on tourism because the economy is dependent on it. So if you're looking for that idyllic tropical island wonderland, keep looking. You've missed it by at least a decade.

① 발리에는 2022년에 비해 2024년에 세 배 이상 많은 관광객이 방문했다.
② 발리는 그곳을 찾는 많은 방문객들을 수용할 만한 공간이 충분하지 않다.
③ 발리의 관광 개발을 위한 지하수 제거로 인해 강의 절반이 사라졌다.
④ 발리의 공무원들은 관광 산업의 경제적 중요성에도 불구하고 이를 막고 있다.

15. 다음 글의 요지로 가장 적절한 것은?

Career Advancement
Helping young professionals develop their careers is the number one goal of the Young Professionals Institute (YPI). Career guidance and ongoing training provide the stepping stones needed to reach one's full potential in the workplace.

Industry-Expert Mentorship
The Industry-Expert Mentorship (IEM) program is a YPI initiative that connects those just starting out in their job field with established players to give advice and provide one-on-one coaching about how to develop a career path and best advance in a particular industry.

YPI works with professionals from a variety of popular job sectors who support IEM goals and want to help young workers.

① YPI supports young workers in providing new information to senior professionals.
② YPI centers its work on assisting new workers in building a career.
③ YPI is committed to helping entry-level workers explore various career fields.
④ YPI aims to help young people learn to prepare better job applications.

16. 다음 글의 흐름상 어색한 문장은?

Classical conditioning is often linked with Ivan Pavlov, who used a bell and meat powder to condition dogs. The meat powder served as an unconditioned stimulus (UCS) because it made the dogs salivate. ① The bell, conversely, was a neutral stimulus (NS), and the combination of ringing the bell and offering meat powder to the dogs engendered an association. ② Dogs naturally correlate various stimuli in their environment. ③ Over time, they began to slobber at hearing the bell even without the UCS; thus, the NS became a conditioned stimulus (CS). ④ The experiment substantiated that conditioning produces powerful impulses. After a CS is established, the response to the stimulus becomes impossible to override in the short term.

17. 주어진 문장이 들어갈 위치로 가장 적절한 것은?

It was this second version that became the inspiration for the convenient plastic shopping bag that millions of people around the world make use of.

In the 1960s, Sten Gustaf Thulin, a Swedish engineer working for the company Celloplast was experimenting with ways to utilize plastic tubing in packaging applications. (①) He believed that plastic tubes, if laid flat and sealed at regular intervals on the bottom and left open on the top, could be used to create bags in which items could be placed. (②) In 1962, he fully realized his idea and devised a prototype of the early plastic bag. (③) But a few months later, he envisioned that if two holes were cut out on either side of the top of the tube, they could be used as handles for easier carrying. (④) Ironically, Thulin viewed it as an eco-friendly and longer-lasting alternative to paper bags, though the invention is widely regarded as an environmental nuisance today.

18. 주어진 글 다음에 이어질 글의 순서로 가장 적절한 것은?

Studies have proven that chronic stress can raise levels of the stress hormone cortisol in the brain, which can provoke issues if it accumulates in too large a quantity over the long term.

(A) Elevated cortisol levels can wear down the brain's ability to function properly by killing cells, disrupting communication between nerve cells, or shrinking brain size.

(B) Based on the brain's remarkable capacity to recover, the answer is no. Fortunately, removing the causes of stress will allow cortisol levels to return to normal and enable the brain to heal itself.

(C) If left unchecked, these negative effects on the brain can induce cognitive impairment or even loss of social skills, but does this signify that the damage is permanent?

① (A) - (B) - (C)　　② (A) - (C) - (B)
③ (B) - (C) - (A)　　④ (C) - (A) - (B)

[19 ~ 20] 밑줄 친 부분에 들어갈 말로 가장 적절한 것을 고르시오.

19.

While speciation normally occurs naturally in most environments, it can also be achieved through other means: human intervention or "artificial selection." To accomplish this, species are purposefully isolated to prohibit their reproduction or bred selectively to create individuals with desired morphological or genotypic characteristics. In one test with artificial selection, scientists placed fruit flies in a maze that featured different environments, such as light and dry or dark and wet, and then collected flies as they exited and grouped them according to their presumed _____, based on the assumption that conditions in the maze directed their flight paths, and finally permitted them to mate only within their respective segregated groups. After 35 generations of isolation, the ensuing offspring from each group refused to breed with individuals from the other group even if subsequently raised in proximity. The artificially-induced mating behavior ultimately resulted in reproductively incompatible species.

* speciation: 종 분화(종이 진화하여 새로운 종이 되는 방법)

① uniformity of genetic traits
② techniques for attracting mates
③ preference for particular surroundings
④ compatibility of reproductive parts

20.

As globalization sweeps across the planet, the world's unique cultures are at risk due to the spread of international media, consumerism, and migration. For example, research by the Australian National University suggests that 1,500 currently recognized languages could go extinct by the end of the century if people abandon them in favor of more dominant languages. Along with these, countless traditional practices, including indigenous rituals, folk storytelling, and local craftsmanship, are predicted to be lost due to replacement by those adopted from outside groups. This shift _____, as people around the world increasingly see less value in continuing their traditional ways. To mitigate the impact of globalization, proactive measures must be taken, such as documenting traditions, promoting bilingual education, and enacting policies to ensure that the benefits of globalization do not come at the expense of our diverse cultural heritage.

① highlights the difficulty of cultural preservation
② explains why culture can be an economic driver
③ promises to expand connections between different groups
④ reflects the dominance of particular players on the world stage

정답·해설·해석_해설집 p.26
※ 시험지 첫 장의 QR코드를 스캔하여 <모바일 자동 채점 + 성적 분석 서비스>를 활용해 보세요.

제4회 실전모의고사

모바일 자동 채점 + 성적 분석 서비스

※ QR코드를 스캔하여 <모바일 자동 채점 + 성적 분석 서비스>를 활용해 보세요.

[1 ~ 3] 밑줄 친 부분에 들어갈 말로 가장 적절한 것을 고르시오.

1.
The director's latest film had been severely attacked, and we critics thought his former glorious reputation would never be _____.

① established　　② redeemed
③ gained　　④ damaged

2.
An entertaining movie with likable characters and an intriguing plot can be completely _____ by one single element: an ending that fails to provide a logical resolution.

① fascinated　　② summarized
③ evaded　　④ ruined

3.
The manager suggested implementing a new strategy and a customer feedback survey or _____ current processes.

① reviewing　　② to reviewing
③ review　　④ being reviewed

[4 ~ 5] 밑줄 친 부분 중 어법상 옳지 않은 것을 고르시오.

4.
① Even though locals had known about Machu Picchu for centuries, the outside world remained unaware of its existence until 1911. That year, lecturer Hiram Bingham's reason for ② being in Peru was to search for another lost city. In his quest, it was essential ③ for him to gather information from locals, one of whom informed him about Machu Picchu. Had Bingham not met that local, he ④ would never find Machu Picchu.

5.
In the United States, driving under the influence of alcohol ① claims one life every 50 minutes. Police officers can temporarily stop drivers only ② to release them if their blood alcohol concentration (BAC) is less than 0.08 percent, equivalent to ③ as much as five alcoholic drinks. Therefore, BAC-based drunk driving laws are largely ④ criticized, as their ineffectiveness has caused so many fatalities.

[6 ~ 7] 밑줄 친 부분에 들어갈 말로 가장 적절한 것을 고르시오.

6.

Robert Simms: I need you to postpone your work trip to Brazil next week. 08:45 am

Beth Altman: Why? Did something else come up? 08:45 am

Robert Simms: Yes. Our clients from Tokyo will be here for meetings. We would like you to be here since you speak Japanese. 08:46 am

Beth Altman: Oh, I see. I can do that. I just have to make a few calls to reschedule things. 08:47 am

Robert Simms: Thanks. That will really help us out a lot. They're very important customers so we want to make sure everything goes well with them. 08:48 am

Beth Altman: When will they be here? 08:48 am

Robert Simms: _____ 08:48 am

① There will be four of them.
② You can leave on Monday morning.
③ It shouldn't take more than a few hours.
④ The meetings are scheduled for Tuesday and Wednesday.

7.
A: Hi. I want to buy a travel pass.
B: Sure. How many days will you be traveling for?
A: About seven days.
B: A week-long pass will be thirty dollars.
A: Is there a student discount available?
B: There is. I just need to see a valid student ID card.
A: _____?
B: You can get five dollars off the regular price. Would you like to see our full price list?

① How much can I save with that
② Do you accept other forms of ID
③ What payment method is best
④ How can I check the price

[8 ~ 9] 다음 글을 읽고 물음에 답하시오.

To	Leighton Public Works Office
From	Iris Bellamy
Date	October 11
Subject	Repairs Needed

B I U ¶▾ ✐▾ A▾ T▾ ↔ ▣ ◆ ▤ ☰ ☰ ☰ ↺ ↻ </>

To whom it may concern,

I am a resident of Sherwood Street and would like to bring to your attention an issue with several streetlights in my area that are dimmer than usual.

After discussing the matter with several of my neighbors, we have noticed that five streetlights on our block seem significantly less bright than others in the neighborhood. We are concerned about the potential safety risks this reduced visibility can cause for both pedestrians and drivers.

I ask that this issue be resolved quickly, preferably before the lights go out completely and pose an even greater hazard to residents. I look forward to your response.

Regards,
Iris Bellamy

8. 윗글의 목적으로 가장 적절한 것은?

① 동네에 가로등이 부족한 것에 대해 불평하려고

② Sherwood가에서 발생한 위험한 교통사고를 신고하려고

③ 거리가 어두워서 발생할 수 있는 안전 문제를 해결해 줄 것을 요청하려고

④ 보행자 도로를 추가로 건설할 것을 제안하려고

9. 밑줄 친 hazard의 의미와 가장 가까운 것은?

① obstacle

② danger

③ possibility

④ consequence

[10 ~ 11] 다음 글을 읽고 물음에 답하시오.

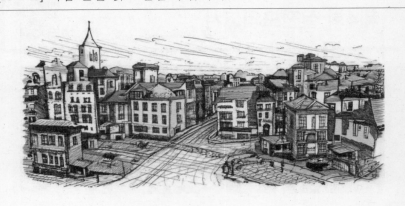

(A)

Everyone deserves a place to call home, but that dream is slipping away from many in Fort Phelps.

The housing crisis we're facing is unprecedented. Homes are being purchased by out-of-state investors within days of going on the market. Meanwhile, the number of available rentals has dropped by half in the past year alone, giving housing options only to those willing to pay skyrocketing prices.

Join us for an urgent meeting to address this growing concern. Local officials and housing advocates will be on hand to answer questions, and emergency rental assistance applications with information on where and how to submit them will be available for pickup.

· **Location**: Riviera Point Meeting Center, Hall C
· **Date**: Saturday, June 9
· **Time**: 3:00 p.m. − 5:30 p.m.

For more information, contact the Housing Justice Coalition at (604) 358−5665 or visit www.hjc.org/fortphelps.

Jointly sponsored by the Housing Justice Coalition and Fort Phelps City Council

10. (A)에 들어갈 윗글의 제목으로 가장 적절한 것은?

① Plan to Construct New Housing

② A Boom in the Housing Market

③ Affordable Housing Solutions

④ The Growing Housing Emergency

11. 위 안내문의 내용과 일치하지 않는 것은?

① 비현지인들이 Fort Phelps의 주택을 매입하고 있다.

② 임대 가능한 주택이 이전의 절반으로 줄었다.

③ 긴급 임대 지원 신청서는 회의 중에 제출해야 한다.

④ 두 개의 별도 기관이 회의를 후원한다.

12. 다음 글의 내용과 일치하는 것은?

Education Ministry ✕ + — ☐ ✕
← → C https://educationministry.gov ● ≡

Education Ministry

Introduction   Education System   Key Policies   News   🔍 SEARCH
News > Notice

New Credit System for High School Students

The Education Ministry has introduced a new credit-based system for high school students. Beginning with the new school year, students will be required to take a core curriculum of language arts, mathematics, science, and history. However, they may choose the other classes they take. Each class will count for a number of credits based on the number of class hours per semester. In order to be eligible for graduation, students must complete 192 credits in total. One third of these will be self-selected. The new system aims to allow students more control over their studies.

① The core curriculum includes physical education and art classes.
② The number of credits is set by subject difficulty.
③ Approximately one-third of all credits will be pre-determined.
④ The system is meant to give students more choice in their education.

13. 다음 글의 요지로 가장 적절한 것은?

Protecting Diversity
Ongoing efforts to preserve traditional cultures are needed to maintain the world's rich diversity of human experience. By protecting a culture's clothing, language, cuisine, and celebrations, these unique elements can be shared and appreciated by others around the globe.

Identity and Connections to the Past
Participating in cultural events and traditions allows individuals to develop the part of their identity associated with culture. Not only does this give them a sense of belonging within their community but it also provides them with a deeper understanding of their ancestors.

Safeguarding cultural traditions ensures that future generations can experience and appreciate the rich heritage of humanity.

① Cultural preservation efforts are being made by organizations around the globe.
② Cultural preservation relies on the individual work from local communities.
③ Cultural preservation is required to save the diversity of humanity.
④ Cultural preservation is a priority of the younger generations.

14. 다음 글의 내용과 일치하지 않는 것은?

Tickets for Bellfield Wildlife Reserve must be purchased online, with visitors selecting their preferred date and entry time from the calendar. Although you do not need to arrive exactly at the start time on your ticket, please ensure that you enter the grounds no later than one hour before closing time. If you are unsure of the date of your visit, consider purchasing a Flex Pass, which allows entry on any day within a 12-month period after purchase.

Standard admission prices vary by season, with peak weekend and weekday tickets priced at $40 and $35, respectively, and off-peak weekend and weekday tickets priced at $30 and $25, respectively. For those with promotional codes or gift vouchers, please enter your code during checkout. Members with Gold status can receive half-price admission by entering their membership ID.

For more information, please call 1 (800) 273-2740.

① Visitors must enter the grounds no later than one hour before closing time.
② A Flex Pass is good for up to a year after purchase.
③ It costs $40 for a weekend visit to the zoo during the low season.
④ Gold members are eligible for half off the price of admission.

15. 다음 글의 주제로 가장 적절한 것은?

Let me explain to you the evolution of the social media influencer to predict the next change in the digital marketing space. In 2008, online marketing relied on celebrities—entertainers, Hollywood actors, or star athletes—as models to endorse products for companies. But despite their enormous followings on social media, they failed to register high levels of engagement with the commodities they were promoting. Rather, non-celebrity influencers, who had amassed a much smaller but loyal audience, generated more interactions, as measured by views, "likes," comments, and click-through rates to the product or service's site. Now, when I get a PR request, I first contact a social media influencer related to the target industry, whether it be fashion or lifestyle. These influencers can be paid less than their celebrity counterparts, but for even greater savings, I can hire a virtual reality model. These virtual influencers will be the future of digital marketing.

① shifting influences in marketing
② common marketable products
③ accurate engagement indicators
④ influencer demands in unique areas

16. 다음 글의 흐름상 어색한 문장은?

As human civilization has moved further away from nature, so too has the sound of music. ① The first pieces of music replicated the slow rhythmic melodies of running rivers, blowing winds, and animal calls. ② Now, not only have those sounds been largely replaced by faster, louder, and more complex tunes, but the instruments used have become more machine-like as well. ③ Instead of traditional instruments, musicians these days rely on computers to a greater extent in order to create intricate electric beats, set at breakneck speeds, to reflect the pace of the modern world. ④ A return to a more organic style of music-making is underway by artists who shun the current trends. While the resulting songs are exciting, they also feel contrived, less natural, and therefore less appealing as a form of pure human expression.

17. 주어진 문장이 들어갈 위치로 가장 적절한 것은?

Using powerful language motivates you to work harder.

Whether it's related to work, a hobby, health, relationships, or finances, everyone has a goal they want to achieve. (①) The first step to accomplishing your objective is to make it real, but how can we turn an abstract idea in your head into something tangible? (②) To do this, write the goal down and post it in a place where you can see it every day. (③) The way you word your goal is as consequential as where you put it, so leave out weak phrases like "try" or "might" and instead incorporate strong words like "will." (④) Consider the following sentences and compare which is more encouraging: "I'll try to exercise often." vs. "I will run a mile each morning."

18. 주어진 글 다음에 이어질 글의 순서로 가장 적절한 것은?

The COVID-19 pandemic led to the greatest rental subsidy program in American history.

(A) Indeed, nearly 500,000 households were able to avoid expulsion from their homes due to government grants and a moratorium on evictions.

(B) Yet as the pause on home dispossessions and rental payments come to an end, experts warn that the problems from the pre-pandemic housing industry will come roaring back.

(C) Even before COVID-19, more than 2 million Americans faced displacement every year. According to research from nine leading NGOs, 30 to 40 million people could become homeless when the COVID-19 rental programs draw to a close.

① (A) − (B) − (C)   ② (A) − (C) − (B)
③ (B) − (A) − (C)   ④ (B) − (C) − (A)

[19 ~ 20] 밑줄 친 부분에 들어갈 말로 가장 적절한 것을 고르시오.

19.

Noted psychologist Amos Tversky was instrumental in boosting our understanding of cognitive biases—the logical fallacies that may transpire when people assimilate and interpret information. His research has had a significant impact on the marketing practices of most major corporations, as it reveals various factors that influence the decision-making process of consumers. For example, Tversky ascertained a phenomenon known as "loss aversion," whereby the psychological pain an individual experiences from a pecuniary loss is greater than the pleasure from an equivalent financial gain. As a result, people go to great lengths to _____ what they have. Companies ill-use this predilection by framing discounts as opportunities that consumers already possess but will forfeit if they do not act. Using expressions such as "Only available this week" or "Limited stock available" when advertising a promotion creates a sense that the consumer faces an immediate risk of losing the savings proffered.

① increase   ② divide
③ exchange   ④ preserve

20.

Gig work is largely shaped by unpredictable demand and shifting economic conditions, which is one reason _____ for those who engage in it. With traditional employment increasingly seen as less secure and desirable in recent years, and with digital platforms making independent work more accessible, many have turned to it as an alternative. During economic booms, gig workers are able to take advantage of opportunities to earn more than a typical paycheck at a traditional job as businesses and consumers increase spending on services. However, this same dependence on market conditions exposes gig workers to severe downturns when consumer spending contracts or competition intensifies. Furthermore, the absence of employer-sponsored benefits, including sick leave and health insurance, means that any downtime translates into lost earnings, which can make it difficult to save for the future and intensifies financial insecurity.

① the industry has remained attractive
② it can create highs and lows
③ it offers greater flexibility and freedom
④ the job market is getting worse

제5회 실전모의고사

모바일 자동 채점 + 성적 분석 서비스

※ QR코드를 스캔하여 <모바일 자동 채점 + 성적 분석 서비스>를 활용해 보세요.

[1 ~ 3] 밑줄 친 부분에 들어갈 말로 가장 적절한 것을 고르시오.

1.

> One significant problem with hydrogen-powered vehicles is that hydrogen is highly _____, so an electrical shock has the potential to spark a fire.

① flammable   ② corrosive
③ heatproof   ④ noxious

2.

> Many students were unaware that they are _____ to receive discounts on a range of services, including public transportation.

① forced   ② ensured
③ presumed   ④ entitled

3.

> My boss demanded that everyone in the office _____ to work at least 10 minutes early.

① is reported   ② reported
③ report   ④ reports

[4 ~ 5] 밑줄 친 부분 중 어법상 옳지 않은 것을 고르시오.

4.

> Among professionals who have just entered the workforce, there are ① many for whom failing is ② frightened. They actively try to avoid it, fearing it will make them appear incompetent, but in doing so, they ③ are missing valuable opportunities for growth. These professionals had better ④ accept the fact that mistakes are an inherent part of business and the only way to improve.

5.

> For her wedding, Queen Victoria wore a dress with lace ① applied to the skirt. It was made exclusively of local materials, ② showing her support for British industries. The white gown, ③ which was unprecedented at that time, was far simpler than previous royal wedding dresses. Of the many traditional symbols of the monarchy that she abandoned ④ were the royal fur robe.

[6 ~ 7] 밑줄 친 부분에 들어갈 말로 가장 적절한 것을 고르시오.

6.

> A: My car won't start.
> B: Again? I thought you took it to your mechanic.
> A: I was planning to on Wednesday, but I didn't have time.
> B: How are you getting home tonight then?
> A: _____?
> B: Sure. I need to stop and fill up first though.
> A: Oh! Let me pay for that. It's the least I can do.
> B: OK. Give me a minute to finish up, and we'll get going.

① Do you think I should pay for the taxi
② Would you be willing to drive me
③ Are you finished with your work yet
④ Isn't there a garage that fills up tires

7.

Jennifer
Hello. I have some questions about the park's tennis courts?
16:11

Park Management Office
I can help you with that. What exactly would you like to know?
16:12

Jennifer
_____
_____
16:12

Park Management Office
It depends on the time and day.
16:13

Jennifer
OK. What about Monday at 11 a.m.?
16:14

Park Management Office
That would be $5 per hour.
16:14

Jennifer
That's perfect. I'd like to reserve it for two hours.
16:15

Park Management Office
OK. It's all set. See you on Monday.
16:15

① Is there a limit to the number of players?
② How much does it cost to reserve a court?
③ When are the courts open to the public?
④ Are there any tennis coaches available?

[8 ~ 9] 다음 글을 읽고 물음에 답하시오.

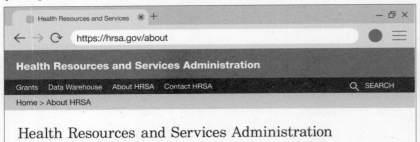

Health Resources and Services Administration

About

We serve individuals who face challenges receiving adequate healthcare due to geographic isolation or economic hardship. We are committed to enhancing health outcomes by improving access to medical services through the construction of medical facilities and the development of programs that provide financial support.

Health Centers

We currently operate nearly 1,500 health centers nationwide that offer affordable medical care to marginalized communities. For the last 60 years, our centers have provided 31 million people with comprehensive medical, dental, mental, and vision care.

Grants and Funding

Each year, we distribute grants to 3,000 organizations, which use the funds to support staff training and certification, purchase medical resources and equipment, and subsidize patient care.

8. 윗글에서 Health Resources and Services Administration에 관한 내용과 일치하는 것은?

① It helps transport patients in isolated areas to health centers.
② It operates medical centers around the world.
③ It has awarded 3,000 grants throughout its history.
④ It financially supports medical personnel training.

9. 밑줄 친 comprehensive의 의미와 가장 가까운 것은?

① prolonged
② complete
③ private
④ understandable

[10 ~ 11] 다음 글을 읽고 물음에 답하시오.

(A)

The Roland Community Center is excited to open two computer classes exclusively to town residents. No matter your current level, there's something for everyone to learn from these 10-week courses.

Course Details
- **Meeting Day**: Saturdays
- **Class Duration**: 1 hour (starting at 10 a.m.)
- **Location**: Roland High School Computer Lab

Course Offerings
- **Introduction to Computer Skills**
Get familiar with computer basics and learn how to navigate the Internet to search information, send emails, and access entertainment.

- **Photo and Video Editing**
Perfect for those already comfortable with computers, this class teaches foundational skills for editing media content using software programs.

Classes are available on a first come, first serve basis. Interested individuals can register at 334-2256. Enrollment is free, but students will need to pay for their own learning materials (less than $10).

10. (A)에 들어갈 윗글의 제목으로 가장 적절한 것은?

① Volunteer to Teach Classes to Residents
② Get Good Deals on Used Computers
③ Take Advantage of Community Classes
④ Share a Video about Our Town

11. 위 안내문의 내용과 일치하지 않는 것은?

① 개설 과정은 주민들만 이용할 수 있다.
② 수업은 지역 학교에서 진행된다.
③ 초보자들은 웹 검색 방법을 배울 것이다.
④ 수업에 등록하려면 10달러를 지불해야 한다.

12. Neat-House 앱에 관한 다음 글의 내용과 일치하지 않는 것은?

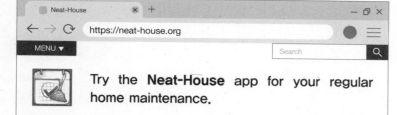

The Neat-House app makes it easy to keep your home clean and organized. Fully customizable, the app lets users start by adding rooms and assigning specific chores to each one. Next, users set a schedule, and the app sends reminders when a chore needs to be done, whether it's a daily task or an annual one. For families, the app allows chores to rotate among different members. The app's gamified features make it enjoyable for both children and adults. The free version is available for individual use, while a one-time $5 purchase of the family plan allows the app to be shared with up to five people.

① Users should create a chore schedule.
② It has elements designed to be fun and engaging.
③ It is available for free for personal use.
④ There is an annual fee for the family plan.

13. 다음 글의 제목으로 가장 적절한 것은?

In AD 1238, Mohammed ben Al-Hamar—the ruler of the Emirate of Granada, a Muslim state in the southern part of modern-day Spain—ordered the construction of a new royal residence. Subsequent rulers of the region augmented this structure until it was a massive complex with many notable architectural features. The Alhambra, as it is named, occupies an area of over 142,000 square meters and is surrounded by a high wall that is decorated with exquisite mosaics. It includes the famed Court of the Lions, a large courtyard with a fountain supported by 12 lions at its center. The fountain was originally set up so that each lion would shoot water from its mouth at a particular hour!

① Notable Islamic Architectural style of the Alhambra
② The Monarch: Al-Hamar vs. Subsequent Rulers
③ Is the Court of the Lions More than Just a Fountain?
④ Architecture: From Early to Modern-day Spain

14. 다음 글의 주제로 가장 적절한 것은?

A growing number of manufacturers are integrating flexible displays into their products. Some of the latest phone models allow users to adjust the display size. This is made possible through the use of a special plastic screen and a hinge in the middle of the device. Such technology nearly doubles the screen area. These devices are referred to as foldable phones because they can be bent in half—either inward or outward—like a piece of paper. Another type that may soon be available for purchase features a mechanism that, when triggered, prompts moving parts inside the device to push a layer of the phone away, revealing a larger, tablet-like screen. A phone such as this would not require a secondary screen cover since it would be protected by the body of the phone. These devices are being called rollable phones.

① how phone production methods are changing
② how flexible screens are used in phones
③ how foldable smartphones are produced
④ how screen size affects the user experience

15. 다음 글의 요지로 가장 적절한 것은?

Traditionally, family units were organized around the father serving as the breadwinner. While the mother took on the responsibility of raising the children, the father devoted his time to providing financially for the family, meaning that he was a relatively distant figure having little to do with his children's social and emotional development. However, as society evolved and more dual-income families became the norm, fathers began to spend more time taking on the burden of childcare. The dissipation of the old, dichotomous approach has proven beneficial, as children with fathers who participate in their upbringing show improved physical and mental health.

① Dual-income families face more challenges when it comes to raising children.
② A shift in conventional attitudes enabled fathers to be actively involved in childrearing.
③ Children's material needs were viewed as more critical than their emotional needs.
④ Childhood development was negatively impacted by paternal involvement in caregiving.

16. 다음 글의 흐름상 어색한 문장은?

With regard to international relations theory, advocates of realism have been critical of the rise of liberalism. ① Unlike realism, liberalism holds that foreign policy should mirror a state's domestic policy. ② To that end, it is not primarily concerned with competitive self-interest and dominating other states militarily. ③ Rather, liberalism suggests that power encompasses much more than force and can be acquired from a variety of different sources, with trade, cultural exchange, and cooperation being the most conventional. ④ A formidable national culture can result in greater unity among the various citizens. This is because such factors induce social and economic advancements, which enhance the abilities of a state.

17. 주어진 문장이 들어갈 위치로 가장 적절한 것은?

Similarly, their demand for convenience indicates that they will go for companies that deliver products.

Generation Z is characterized as taking modern technology and a globalized world for granted. Despite experiencing shaky economic times, they exhibit a material and selective arrogance, proffering clues about their future consumer behavior. (①) Growing up during a period of rapid innovation means they will expect more choice in the marketplace and not become tied to any particular brand. (②) Of course, all generations enjoy shopping from the comfort of home. (③) Yet Gen Zers have taken this to an extreme, preferring to interact with the world from behind a screen. (④) This could create challenges if they ever have to leave the tranquility of their virtual realities.

18. 주어진 문장 다음에 이어질 글의 순서로 가장 적절한 것은?

The COVID-19 pandemic and the resulting lockdowns have had unfortunate ramifications for the development of young children. Nowhere is this more apparent than in their linguistic abilities.

(A) To help teachers surmount their student's communication challenges, many UK elementary schools started offering remedial language instruction to students in need of help augmenting their vocabularies.

(B) Further, it was posited that this conspicuous change from previous years can only be ascribed to lack of social contact and exposure to fewer vocabulary-expanding opportunities.

(C) Research has found that, when children across the United Kingdom returned to school in 2021, 25 percent more four-and five-year-olds than usual required assistance reaching age-appropriate language levels.

① (A) − (B) − (C)
② (B) − (C) − (A)
③ (C) − (A) − (B)
④ (C) − (B) − (A)

19. 밑줄 친 (A), (B)에 들어갈 말로 가장 적절한 것은?

In the Myers-Briggs personality test, there are two ways of taking in information and interpreting the world. Sensing types rely upon their five senses and focus on what is real, concrete, and certain. It is therefore unsurprising that those with sensing personality types are cognizant of their surroundings, learn best from hands-on experience, and place a great deal of value on facts and details, which they employ to inform their decisions. ___(A)___, intuitive types may not remember the specifics of their experiences and associate past events with feelings or impressions. They are more abstract and, although they also depend on the information they receive from their senses, they do not take it at face value. ___(B)___, they determine meaning by reading between the lines and trying to identify patterns to see how ideas and situations are connected.

	(A)	(B)
①	In contrast	Otherwise
②	Furthermore	Rather
③	On the other hand	Instead
④	Consequently	Nevertheless

20. 밑줄 친 부분에 들어갈 말로 가장 적절한 것은?

Most of us choose friends based on how compatible their personalities seem to be with our own, intentionally seeking out others with whom we have interests in common. However, there may be another consideration, one _____ that we are not even apprised of. A recent study indicates that people who are genetically similar are more likely to become friends. Researchers found that the participants who formed friendships with each other shared many genetic markers compared to those who did not. Genetic similarities even appeared to be more influential than looks or cultural backgrounds. This demonstrates that we are drawn to those who have a genetic makeup analogous to our own without knowing it.

① discovered a long time ago
② of little consequence
③ more obvious than others
④ on a subconscious level

제6회 실전모의고사

모바일 자동 채점 + 성적 분석 서비스

※ QR코드를 스캔하여 <모바일 자동 채점 + 성적 분석 서비스>를 활용해 보세요.

[1 ~ 3] 밑줄 친 부분에 들어갈 말로 가장 적절한 것을 고르시오.

1.
The various computer systems in use made the creation of a shared network difficult. Therefore, programmers developed a new language with which all computers are _____.

① unique ② confused
③ compatible ④ competitive

2.
The tapestry's threads were bound so tightly together that a small cut caused the fabric to _____ instantly.

① unravel ② shrink
③ harden ④ connect

3.
The archive _____ historical documents are stored contains invaluable records for researchers in the field of anthropology.

① that ② which
③ where ④ what

[4 ~ 5] 밑줄 친 부분 중 어법상 옳지 않은 것을 고르시오.

4.
Bee pollen ① was called nature's multivitamin since Hippocrates first prescribed it over two thousand years ago. It is recommended by herbalists today ② so that patients can boost immunity and reduce inflammation. Despite its long use, doubt remains about how effective ③ it is. In fact, concrete evidence is lacking both in human trials and ④ within digital model testing.

5.
Gentrification is starting to ① be blamed for displacing low-income people. Gentrification entails ② renovating homes and businesses. Low-income neighborhoods located near central business districts are ideal for redevelopment and considered ③ attractive to highly-paid workers who then occupy the area. This pushes out the low-income residents, and it's ultimately different from ④ which city officials were expecting.

[6 ~ 7] 밑줄 친 부분에 들어갈 말로 가장 적절한 것을 고르시오.

6.
Caleb Sanders

Good afternoon. I'd like to schedule a pickup from the airport for tomorrow morning.
5:30 p.m.

Lisa Poe
Certainly. I can help you with that. When will you be arriving?
5:31 p.m.

Caleb Sanders

Our flight arrives at 10:15 a.m., but we will have to wait to get our bags.
5:33 p.m.

Lisa Poe
_____
5:34 p.m.

Caleb Sanders
It will be me, my wife, and our three children.
5:35 p.m.

Lisa Poe
OK. In that case, I will reserve a van for you. It has room for up to six passengers and their luggage.
5:37 p.m.

① Can you tell me your flight number?
② How many people will be in your group?
③ Do any of the passengers require additional assistance?
④ Would you like the driver to meet you at baggage claim?

7.
A: How about taking a yoga class at the gym?
B: No, most of them are offered too early in the morning.
A: Have you ever considered doing yoga at home then? You could do it whenever it's convenient for you.
B: _____
A: You just need to have more willpower and stick to it.
B: You're probably right. Maybe I'll give it a try.

① No. You know how lazy I am.
② Yes. It's on my daily to-do list.
③ No. The gym is already closed.
④ Yeah. How many times did you try?

[8 ~ 9] 다음 글을 읽고 물음에 답하시오.

To	FunFlix Subscribers
From	FunFlix Customer Service
Date	November 17
Subject	A Special Notice

Dear FunFlix Customer,

Our records indicate that you have recently used FunFlix's new service. I am writing to you today to hear your thoughts.

Getting feedback about the new service will allow us to improve and provide you a better customer service experience. If you would like to help, please click the [REVIEW] link here. The questions should take no more than 10 minutes to complete. All responses will be kept anonymous, so please answer honestly without worry.

FunFlix thanks you for any feedback you can provide about your experience. To show our appreciation, we will provide a code for one free month of service once you conclude the questionnaire. We look forward to your response and to continuing to provide you great service.

Sincerely,
FunFlix Customer Service

8. 윗글의 목적으로 가장 적절한 것은?

① 접수된 고객 의견에 답변하려고
② 자주 발생하는 서비스 문제의 해결책을 안내하려고
③ 새로 도입된 서비스를 공지하려고
④ 서비스 이용 후기를 요청하려고

9. 밑줄 친 conclude의 의미와 가장 가까운 것은?

① determine
② finish
③ develop
④ arrange

[10 ~ 11] 다음 글을 읽고 물음에 답하시오.

(A)

Join us for the first annual Midsummer Festival, hosted by the Swedish Cultural Center! Celebrate this Swedish holiday right here in Buford and enjoy traditional food, games, and music from this beautiful Scandinavian nation.

Details
- **Dates**: Saturday, June 14
- **Times**: 4:00 p.m. − 9:00 p.m.
- **Location**: Buford Community Park

Attractions
- **Swedish Cuisine**
Sample Midsummer festival delicacies like pickled herring, salmon, potato dishes, and strawberry cream cake.

- **Traditional Activities**
Make your own floral crown, then join in on lawn games and dance around the Maypole to the tunes of Swedish folk songs.

Due to the expected turnout, we highly recommend using public transportation for your visit. For those arriving by car, paid parking garages are available at the north end of the park.

10. (A)에 들어갈 윗글의 제목으로 가장 적절한 것은?

① Attend a Concert at a Community Center
② Visit Buford's Newest Swedish Restaurant
③ Learn about Scandinavian History
④ Take Part in a Cultural Event

11. Midsummer Festival에 관한 윗글의 내용과 일치하지 않는 것은?

① 올해 처음으로 개최된다.
② 문화 단체에서 주최한다.
③ 춤출 수 있는 공간이 있다.
④ 행사장 근처에 무료 주차장이 있다.

12. 다음 글의 제목으로 가장 적절한 것은?

Rising sea levels as a result of global warming are threatening a 10,000-square-kilometer area of mangrove swampland along the southern coast of Bangladesh called the Sundarbans that is home to some of the last remaining Bengal tigers, according to recent projections by the United Nations. Bengal tigers, which were once abundant across the Indian subcontinent, have seen their numbers decrease by 96% in the last few centuries due to human activity. Today, poaching has restricted the tiger population mainly to the Sundarbans, making it particularly susceptible to environmental change, as about three-quarters of the land there has an elevation of only a few feet. Researchers believe that this will dramatically affect the low-lying area of the Sundarbans, making it uninhabitable. "Unless more is done to protect the Sundarbans, there will be no habitable area left for Bengal tigers by 2070," said study authors in *Science of the Total Environment*.

① Sea Levels in the Sundarbans Are Rising
② Loss of the Sundarbans Impacting Bengal Tigers
③ How Bangladesh Is Coping with Climate Change
④ Banning Poaching to Save Tigers Throughout India

13. 다음 글의 내용과 일치하는 것은?

Approximately one year following the start of the American Civil War, on May 20, 1862, President Lincoln signed the Homestead Act. This was an important piece of legislation that offered all US citizens, as well as people intending to become citizens, up to 160 acres of unoccupied federal land if they followed certain procedures: they had to pay a filing fee of about $18, they were expected to build a home, plant crops, and live on their plots for five years, and they had to pay an additional small fee to gain full ownership of the land after fulfilling these requirements. Though many homesteaders were unsuccessful, over 27 million acres of US land were claimed and settled this way until the act was repealed in the mid-1970s.

① Lincoln authorized the Homestead Act before the war.
② Only chosen US citizens could use the land program.
③ People had to reside on properties to become landowners.
④ The land settlement legislation was reformed in the 1970s.

14. 다음 글의 주제로 가장 적절한 것은?

In the 1970s, the world began to abandon the post-war consensus that aimed to realign political and economic systems after World War II. This entailed rejecting the large welfare states, strong unions, heavy regulation, and high tax rates that had been implemented to protect the people from unrestrained capitalism and to build strong nations. The 'neoliberalism' of the period was a resurgence of the laissez-faire capitalism that had emerged in the 18th century. Removing regulations and focusing on the importance of free trade from the supply side greatly boosted businesses and improved the economies of countries that espoused neoliberalism, but opponents of the new system say it may not have been worth it. Giving corporate interests free rein resulted in massive increases in environmental damage, greater income disparity, and exploitation of workers. In light of this, many are now advocating for a return of at least some economic oversight by the government.

① The benefit of neoliberalism in the western world in the last century
② The dark side of unchecked capitalism and calls for re-regulating it
③ The abandonment of laissez-faire economics and the rise of the post-war consensus
④ The economic change that emerge due to protectionist policies after World War II

15. 다음 글에 나타난 Kristen의 심경으로 가장 적절한 것은?

Kristen sat at the kitchen table, her quivering hand over her computer's trackpad, clicking repeatedly as the clock on the wall ticked loudly behind her. She had been religiously refreshing her email since she rolled out of bed at the crack of dawn. Finally, she heard the unmistakable chime and saw a notification of one new email and her heart stopped. She looked at the sender and it was from Reed College Admissions Office, the school she had aspired to all her life. The subject line said "Official Admissions Decision," giving the moment a sense of unmatched authenticity. But she was reluctant to open it, so her mother gave her some maternal encouragement, saying, "Don't worry. You're a shoo-in." Forgetting to breathe, she clicked on the message, but as soon as it loaded on her screen, her eyes focused on two glaring words, "We're sorry." What was she going to do now?

① aloof and daring
② angered and panicked
③ dismayed and worried
④ enthusiastic and hopeful

16. 다음 글의 흐름상 어색한 문장은?

Somatic symptom disorder (SSD) causes patients to experience unexplainable bodily problems. ① French physician Paul Briquet was the first to note three common factors in patients with the disorder. The first is that they had been sickly for years. ② SSD problems affect about 5 percent of the adult population. The second common factor is that the symptoms are not confined to one bodily system. ③ Many complaints involve areas of the body or processes that would not be simultaneously affected by a single problem. ④ Patients may, for example, think their chest pains are caused by both breathing and eating. The third aspect of SSD is that the symptoms are persistent and uncurable despite various treatments.

17. 주어진 문장이 들어갈 위치로 가장 적절한 것은?

When such cavities form, entire buildings can be permanently lost or become too dangerous to access.

World Heritage Sites are monuments to our cultural tradition. However, some of them are in jeopardy, prompting UNESCO to include them in its List of World Heritage in Danger. (①) One such site is Abu Mena, the remains of a fifth-century Christian pilgrimage center located in Egypt. (②) It was added in 2001 after an agricultural development program inadvertently caused the formation of large holes surrounding its structures. (③) To avert untold loss, Egypt's government spent about $45 million adding pumps to reduce the water pressure from irrigation. (④) Despite the measures taken, Abu Mena still requires the development of a better management plan.

18. 주어진 글 다음에 이어질 글의 순서로 가장 적절한 것은?

Jessica was exhausted when she arrived at her campsite and quickly slipped off her backpack. Out of the backpack she pulled a round bag containing her tent, tossing it to the spot where she wanted to set up camp.

(A) It had several ropes that she didn't know what to do with. She took out the instructions and looked at them carefully.

(B) The ropes appeared to connect to the stakes. Jessica assembled everything like in the pictures. The tent was finished. Finally, she could get a good night's sleep.

(C) Jessica took out the tent and all of its parts. She couldn't wait to climb in and sleep for the night. She stretched the tent out on the ground.

① (A) − (B) − (C)　　② (A) − (C) − (B)
③ (C) − (A) − (B)　　④ (C) − (B) − (A)

[19 ~ 20] 밑줄 친 부분에 들어갈 말로 가장 적절한 것을 고르시오.

19.

In the fashion industry, maintaining consumer engagement requires retailers to offer products that suit their clients' specific needs. The rationale for this is elementary: there are a plethora of buying options, and merchants need to stand out. One way that online shops have done this in recent years is by adopting personalization, which is achievable through data collection and oftentimes comes in the form of product recommendations or special emails offering curated content. The idea behind personalization is simple—shoppers want to save time and find exactly what they are looking for. Therefore, websites draw from cached data regarding a shopper's past searches, which makes it possible to display products that are _____. (An algorithm analyzes the data collected to predict the shopper's buying proclivities.) Thus, online shoppers find, compare, and purchase products more quickly.

① unexpected　　　　② remote
③ pervasive　　　　　④ tailored

20.

Since Facebook announced it was changing its name to "Meta," an allusion to the new concept of the online world called the "metaverse," people have been intrigued by the idea of the new interactive virtual space. At its most basic, the metaverse seeks to take connectivity to the next level by allowing people to interact with digital and real-world elements using virtual reality devices, but this new technology brings up some old problems. First, with social media companies already embracing the metaverse, there are concerns that the practice of relying on users' personal data to sell advertising will make its way into the metaverse as well. In addition, the data they collect could allow companies to track us more easily and accurately. Consequently, the privacy issues currently affecting cyberspace must be resolved, or else _____. Companies like Facebook and Google already monitor our online activity, but the metaverse will give them access to offline actions and relationships too.

① they won't be noticed
② that should be traced
③ they will be compounded
④ that might be misinterpreted

정답·해설·해석_해설집 p.62
※ 시험지 첫 장의 QR코드를 스캔하여 <모바일 자동 채점 + 성적 분석 서비스>를 활용해 보세요.

2025 최신개정판

해커스공무원
FINAL
봉투모의고사 영어

약점 보완 해설집

ⅲ 해커스공무원

여러분의 합격을 응원하는
해커스공무원의 특별 혜택

📄 핵심 단어암기장	📄 OMR 답안지

해커스공무원(gosi.Hackers.com) 접속 후 로그인 ▶ 상단의 [교재·서점 → 무료 학습 자료] 클릭 ▶
본 교재의 [자료받기] 클릭하여 이용

📖 온라인 모의고사 2회분

CPE7FD2835932SYJ6N

해커스공무원(gosi.Hackers.com) 접속 후 로그인 ▶ 상단의 [나의 강의실] 클릭 ▶ 좌측의 [쿠폰등록] 클릭 ▶
위 쿠폰번호 입력 후 [나의 강의실]에 지급된 강의 확인 ▶ 해당 강의에 첨부된 자료 확인 후 이용

* ID당 1회에 한해 등록 가능

📱 공무원 보카 어플

GOSIVOCA00003

구글 플레이스토어/애플 앱스토어에서 '해커스공무원 기출보카' 검색 ▶
어플 설치 후 실행 ▶ '인증코드 입력하기' 클릭 ▶ 위 인증코드 입력 후 이용

* 등록 후 30일간 사용 가능
* 해당 자료는 [해커스공무원 기출 보카 4000+] 교재 내용으로 제공되는 자료로, 공무원 시험 대비에 도움이 되는 유용한 자료입니다.

🎟 해커스공무원 온라인 단과강의 20% 할인쿠폰

F5397742C2CD6NGR

해커스공무원(gosi.Hackers.com) 접속 후 로그인 ▶ 상단의 [나의 강의실] 클릭 ▶
좌측의 [쿠폰등록] 클릭 ▶ 위 쿠폰번호 입력 후 이용

* 등록 후 7일간 사용 가능(ID당 1회에 한해 등록 가능)

FREE 공무원 영어 특강	FREE 공무원 면접 특강
해커스공무원(gosi.Hackers.com) 접속 후 로그인 ▶ 상단의 [무료강좌] 클릭하여 이용	해커스공무원(gosi.Hackers.com) 접속 ▶ 상단의 [무료강좌] 클릭 ▶ 분류 [면접] 클릭하여 이용

쿠폰 이용 관련 문의 1588-4055

해커스공무원

FINAL
봉투모의고사

영어

약점 보완 해설집

Ⓗ 해커스공무원

◎ 실전모의고사 분석 & 셀프 체크

제1회 난이도	중	제1회 합격선	16 / 20문제	권장 풀이시간	27분
체감 난이도		맞힌 개수	/ 20문제	실제 풀이시간	/ 27분

* 시험지 첫 페이지 상단의 QR 코드 스캔을 통해 좀 더 자세한 성적 분석 서비스 사용이 가능합니다.

◎ 정답

01	02	03	04	05	06	07	08	09	10
③	④	③	④	④	④	③	②	②	①

11	12	13	14	15	16	17	18	19	20
④	③	④	④	②	③	②	③	②	④

◎ 취약영역 분석표

영역	어휘	문법	생활영어	독해	TOTAL
맞힌 답의 개수	/ 2	/ 3	/ 2	/ 13	/ 20

---

01   어휘 delicate
난이도 하 ●○○

밑줄 친 부분에 들어갈 말로 가장 적절한 것을 고르시오.

When handling the ancient book, museum employees wore gloves and worked gently to avoid damaging its _____ pages.

① duplicate 사본의
② hardy 튼튼한
③ delicate 연약한, 부서지기 쉬운
④ flat 평평한

해석

고대 서적을 다룰 때, 박물관 직원들은 장갑을 끼고 약한 페이지가 손상되지 않도록 부드럽게 작업했다.

어휘

handle 다루다, 취급하다   ancient 고대의   gently 부드럽게

이것도 알면 합격!

delicate(연약한, 부서지기 쉬운)의 유의어
= fragile, breakable

---

02   어휘 generous
난이도 하 ●○○

밑줄 친 부분에 들어갈 말로 가장 적절한 것을 고르시오.

Despite the opinion that America's early elite hoarded wealth, they were _____ and donated millions of dollars to establish schools, libraries, and hospitals for the common good.

① greedy 탐욕스러운
② plain 평범한
③ corrupt 부패한
④ generous 관대한

해석

미국의 초기 엘리트들이 부를 축적했다는 의견에도 불구하고, 그들은 관대했으며 공익을 위해 학교, 도서관, 병원을 설립하는 데 수백만 달러를 기부했다.

어휘

hoard 축적하다, (몰래) 저장하다   donate 기부하다   common good 공익

이것도 알면 합격!

generous(관대한)의 유의어
= charitable, tolerant, beneficent

03 문법 시제 | 능동태·수동태 난이도 중 ●●○

밑줄 친 부분에 들어갈 말로 가장 적절한 것을 고르시오.

> Maasai beadwork plays an important role in the culture: since it _____ a written language, the tribe uses it as a record that can be referred to later and passed on to others.

① doesn't develop ② wasn't developed
③ has never developed ④ has never been developed

해설

③ **현재완료 시제 | 능동태·수동태 구별** 빈칸은 부사절의 동사 자리이다. 문맥상 '문자 언어를 개발한 적이 없다'라는 과거에 해 본 적이 있거나 없는 경험을 표현하고 있으므로 현재완료 시제가 와야 하고, 주어 it(부족)과 동사가 '그것(부족)이 개발한 적이 없다'라는 의미의 능동 관계이므로 현재완료 능동태 has never developed가 들어가야 한다. 따라서 ③번이 정답이다.

해석

마사이족 구슬 세공은 문화에서 중요한 역할을 한다. 문자 언어를 개발한 적이 없기 때문에, 부족은 나중에 참고하여 다른 사람들에게 전달할 수 있는 기록으로 그것(구슬 세공)을 사용한다.

어휘

beadwork 구슬 세공 tribe 부족 record 기록 refer to ~을 참고하다

이것도 알면 합격!

현재완료 시제(have/has + p.p.)는 과거에 발생하여 현재까지 영향을 미치는 일을 표현하고, 현재완료진행 시제(have/has been + -ing)는 기준 시점 이전에 시작된 일이 기준 시점까지 계속 진행 중임을 표현한다는 것을 알아 두자.

ex She has recently found a new job.
그녀는 최근에 새로운 직장을 찾았다.

ex They have been working on this project since last month.
그들은 지난달부터 이 프로젝트를 진행하고 있다.

04 문법 관계절 난이도 중 ●●○

밑줄 친 부분 중 어법상 옳지 않은 것을 고르시오.

> All government actions ① meant to increase international cooperation must address both economic stability ② and diplomatic relations. Only ③ through these factors can governments ensure that they build a global community ④ whose benefits the citizens of the globe by promoting
> → that / which
> development and resolving conflict.

해설

④ **관계대명사** 선행사(a global community)가 사물이고, 관계절 내에서 동사(benefits)의 주어 역할을 하므로 소유격 관계대명사 whose를 사물을 가리키는 주격 관계대명사 that이나 which로 고쳐야 한다.

[오답 분석]
① **현재분사 vs. 과거분사** 문맥상 수식받는 명사(All government actions)와 분사가 '모든 정부 조치가 국제 협력을 강화하도록 의도되다'라는 의미의 수동 관계이므로 과거분사 meant가 올바르게 쓰였다.
② **상관접속사** 문맥상 '경제 안정과 외교 관계 모두'라는 의미가 되어야 자연스러운데, 'A와 B 둘 다'는 both A and B로 나타낼 수 있으며, both 뒤에 명사구가 왔으므로 and 뒤에도 명사구가 와야 한다. 따라서 and diplomatic relations가 올바르게 쓰였다.
③ **기타 전치사** 문맥상 '이러한 요소를 통해'라는 의미가 되어야 자연스러우므로 '~을 통해'라는 의미의 전치사 through가 올바르게 쓰였다.

해석

국제 협력을 강화하기 위한 모든 정부 조치는 경제 안정과 외교 관계를 모두 다뤄야 한다. 이러한 요소를 통해서만 정부는 개발을 촉진하고 갈등을 해결함으로써 전 세계 시민에게 이익이 되는 지구 공동체를 구축할 수 있다.

어휘

cooperation 협력 stability 안정(성) diplomatic 외교의 relation 관계
resolve 해결하다 conflict 갈등

이것도 알면 합격!

that과 which는 사물을 가리키는 주격/목적격 관계대명사로 쓸 수 있지만, 계속적 용법으로 쓰인 관계절에는 관계대명사 that이 올 수 없다는 것을 알아 두자.

ex He gave me this book, (which / that̶) I found very interesting.
그는 나에게 이 책을 주었는데, 나는 그것이 매우 흥미롭다고 생각했다.

05 문법 분사 난이도 중 ●●○

밑줄 친 부분 중 어법상 옳지 않은 것을 고르시오.

> The Federal Reserve, the central bank of the United States, ① started operations in 1913. The board members of the Federal Reserve determine the country's monetary policies, and part of ② their responsibility is managing interest rates. When periods of high inflation cause citizens ③ to panic, the board can raise interest rates. ④ Slowing
> → Slowed
> by the higher interest rates, the economy experiences less inflation.

해설

④ **분사구문의 형태** 문맥상 주절의 주어 the economy와 분사구문이 '경제가 둔화되다'라는 의미의 수동 관계이므로 현재분사 Slowing을 과거분사 Slowed로 고쳐야 한다.

[오답 분석]

① **과거 시제** 1913년에 운영을 시작했다는 역사적 사실을 표현하기 위해 과거 시제 started가 올바르게 쓰였다.

② **인칭대명사** 명사(responsibility) 앞에서 소유의 의미를 나타내기 위해서는 소유격 대명사가 와야 하고, 대명사가 지시하는 명사(The board members)가 복수이므로 복수 소유격 대명사 their가 올바르게 쓰였다.

③ **to 부정사를 취하는 동사** 동사 cause는 to 부정사를 목적격 보어로 취하므로 to 부정사 to panic이 올바르게 쓰였다.

해석

미국의 중앙은행인 연방준비제도는 1913년에 운영을 시작했다. 연방준비제도 이사회 구성원들은 국가의 통화 정책을 결정하며, 그들의 책임 중 일부는 금리를 관리하는 것이다. 인플레이션이 높은 시기로 인해 시민들이 공황 상태에 빠졌을 때, 이사회는 금리를 인상할 수 있다. 금리 상승으로 인해 경제가 둔화되면서, 인플레이션을 덜 경험하게 된다.

어휘

operation 운영 board 이사회 determine 결정하다 monetary 통화의
interest rate 금리 panic 공황 상태에 빠지다

이것도 알면 합격!

분사구문의 다양한 형태를 알아 두자.
• 부정형: 분사 앞에 not이나 never를 붙인다.
(ex) Not knowing the answer, he remained silent.
   정답을 알지 못해서, 그는 조용히 있었다.
• 완료형: having p.p. 형태로, 주절의 동사보다 이전 시점에 일어난 일을 나타낸다.
(ex) Having finished his work, he went home.
   자신의 일을 끝마친 후, 그는 집에 갔다.

---

06 생활영어 Would you like a one-way or return ticket?
난이도 하 ●○○

밑줄 친 부분에 들어갈 말로 가장 적절한 것을 고르시오.

 Erica Lucas
Good morning. I'd like to inquire about purchasing bus tickets to Detroit for a workshop next Thursday.
13:10 p.m.

Chris Sanders
Thank you for calling. There are departures to Detroit every hour starting at 5 a.m. What time would you prefer?
13:11 p.m.

 Erica Lucas
I have to be there in the morning, so a six o'clock bus would be perfect. How much is the ticket for that one?
13:13 p.m.

Chris Sanders
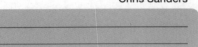
_____
13:14 p.m.

 Erica Lucas
I'll only need a ticket to get there.
13:15 p.m.

Chris Sanders
In that case, it'll be $15 including tax.
13:17 p.m.

① Do you want a basic or VIP seat?
② Can you give me your contact number?
③ How many tickets would you like to book?
④ Would you like a one-way or return ticket?

해설

버스 티켓이 얼마인지 묻는 Erica의 말에 Chris가 대답하고, 빈칸 뒤에서 다시 Erica가 I'll only need a ticket to get there(저는 거기에 가는 티켓만 필요합니다)라고 말하고 있으므로, 빈칸에는 '④ 편도 티켓을 원하시나요, 왕복 티켓을 원하시나요?(Would you like a one-way or return ticket?)'가 오는 것이 자연스럽다.

해석

Erica Lucas: 좋은 아침입니다. 다음 주 목요일 워크숍을 위한 디트로이트행 버스 티켓 구매에 관해 문의하고 싶습니다.
Chris Sanders: 전화 주셔서 감사합니다. 디트로이트로 가는 버스는 오전 5시부터 매시간 출발합니다. 몇 시를 선호하시나요?
Erica Lucas: 아침에 거기 도착해야 해서 6시 버스가 딱 맞을 것 같아요. 그 버스 티켓은 얼마인가요?
Chris Sanders: 편도 티켓을 원하시나요, 왕복 티켓을 원하시나요?

Erica Lucas: 저는 거기에 가는 티켓만 필요합니다.
Chris Sanders: 그렇다면, 세금 포함하여 15달러입니다.

① 기본 좌석을 원하시나요, VIP 좌석을 원하시나요?
② 연락처를 알려 주시겠어요?
③ 몇 장의 티켓을 예약하시겠어요?
④ 편도 티켓을 원하시나요, 왕복 티켓을 원하시나요?

어휘

departure 출발   tax 세금   one-way 편도의

이것도 알면 합격!

가격/조건을 안내할 때 사용할 수 있는 표현을 알아 두자.
- The price for this will be $20.
  이것의 가격은 20달러입니다.
- The total cost comes to $25, including all fees.
  모든 수수료를 포함한 총비용은 25달러입니다.
- If you cancel, you will be charged a fee of the total amount.
  취소 시, 총금액에 대한 수수료가 부과됩니다.
- The price will vary depending on seat selection.
  가격은 좌석 선택에 따라 달라질 것입니다.

---

07   생활영어   Just place your card on the machine and insert cash.   난이도 하 ●○○

밑줄 친 부분에 들어갈 말로 가장 적절한 것을 고르시오.

A: Should we take the next subway to the park?
B: I don't have any money on my metro card.
A: Why don't you recharge it at the kiosk?
B: I've never used one of those new kiosks before. Is it difficult?
A: Actually, it's quite simple. _____
_____.
B: Oh. That is very easy. Do I have to put in a particular amount?
A: No. You can decide how much to add.
B: That's perfect. I'll do it now.

① You can get a discount for recharging it online
② You only need to swipe your card at the ticket gate
③ Just place your card on the machine and insert cash
④ Just do it when you have some free time later

해설

B가 키오스크를 사용하는 것이 어려운지 묻자 A가 아주 간단하다고 답한 뒤, 빈칸 뒤에서 다시 B가 That is very easy(정말 쉽네)라고 말하고 있으므로, 빈칸에는 '③ 카드를 기계에 놓고 현금을 넣기만 하면 돼(Just place your card on the machine and insert cash)'가 오는 것이 자연스럽다.

해석

A: 우리 다음 지하철을 타고 공원으로 갈까?
B: 내 지하철 카드에 돈이 없어.
A: 키오스크에서 충전하는 게 어때?
B: 그런 새로운 키오스크를 한 번도 사용해 본 적이 없어. 어려워?
A: 사실, 아주 간단해. 카드를 기계에 놓고 현금을 넣기만 하면 돼.
B: 아. 정말 쉽네. 특정 금액을 넣어야 해?
A: 아니. 네가 얼마나 충전할지 결정할 수 있어.
B: 완벽하네. 지금 해야겠다.

① 온라인으로 충전하면 할인받을 수 있어
② 개찰구에서 카드를 대기만 하면 돼
③ 카드를 기계에 놓고 현금을 넣기만 하면 돼
④ 나중에 시간이 날 때 그냥 하면 돼

어휘

recharge 충전하다   swipe (카드를 인식기에) 대다   ticket gate 개찰구
insert 넣다, 삽입하다

이것도 알면 합격!

사용법을 설명할 때 사용할 수 있는 표현을 알아 두자.
- To use this app, you first need to download it.
  이 앱을 사용하려면, 먼저 다운로드해야 합니다.
- All you have to do is press the button to turn it on.
  그것을 켜려면 버튼을 누르기만 하면 됩니다.
- Simply tap the screen to select your options.
  화면을 두드려서 옵션을 선택하기만 하면 됩니다.

08~09 다음 글을 읽고 물음에 답하시오.

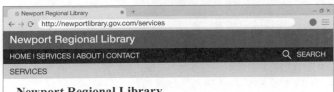

Newport Regional Library

Mission

We 08-① aim to facilitate access to knowledge for citizens of Newport and the surrounding areas by 09 promoting reading and learning. Through diverse resources, programs, and technology, the Newport Regional Library helps members explore and connect to the world.

New Services

08 A state grant has allowed the library to roll out exciting new services for users. Library members can now utilize an e-book lending platform to borrow digital copies of some books. In addition, 08-③ the library's databases are now accessible to registered users remotely from any computer or mobile device with the library's app. These services will put literature and information at everyone's fingertips.

Requirements for Using New Services

• Library membership: 08-④ All users need to have a current library card.
• Registered PIN: Users must sign up for a PIN at their local library branch to use as a password.

해석

Newport 지역 도서관

임무

저희는 독서와 학습을 촉진하여 Newport와 주변 지역 시민들이 지식에 쉽게 접근할 수 있게 하는 것을 목표로 합니다. 다양한 자원, 프로그램, 기술을 통해, Newport 지역 도서관은 회원들이 세상을 탐험하고 소통할 수 있도록 돕고 있습니다.

새로운 서비스

주정부 보조금 덕분에 도서관은 사용자를 위한 흥미로운 새로운 서비스를 출시할 수 있게 되었습니다. 이제 도서관 회원은 전자책 대출 플랫폼을 활용하여 일부 도서의 디지털 사본을 빌릴 수 있습니다. 또한, 도서관의 데이터베이스는 이제 도서관 앱을 통해 등록된 사용자가 모든 컴퓨터나 모바일 기기에서 원격으로 이용할 수 있습니다. 이 서비스들은 문학과 정보를 모든 사람의 손끝에 전달할 것입니다.

새로운 서비스 사용 요건

• 도서관 멤버십: 모든 사용자는 현재 유효한 도서관 카드를 소지하고 있어야 합니다.
• 등록된 개인 식별 번호: 사용자는 지역 도서관 지점에서 비밀번호로 사용할 개인 식별 번호를 등록해야 합니다.

어휘

facilitate 용이하게 하다, 가능하게 하다 **surrounding** 주변의, 인근의 **diverse** 다양한 **explore** 탐험하다 **grant** 보조금 **roll out** ~을 출시하다 **remotely** 원격으로 **fingertip** 손가락 끝 **requirement** 요건 **PIN** 개인 식별 번호

08 독해 내용 일치 파악 난이도 중 ●●○

윗글에서 Newport Regional Library에 관한 내용과 일치하는 것은?

① Its new services are only available to people who live in Newport.
② Government funding has made the new services possible.
③ A library computer must be used to access the library's databases.
④ Library cards are no longer needed as long as users have a PIN.

해설

지문 중간에서 주정부 보조금 덕분에 도서관은 사용자를 위한 흥미로운 새로운 서비스를 출시할 수 있게 되었다고 했으므로, '② 정부 자금 지원으로 새로운 서비스가 가능해졌다'는 것은 지문의 내용과 일치한다.

[오답 분석]

① 지문 처음에서 Newport와 주변 지역 시민들이 지식에 쉽게 접근할 수 있게 하는 것을 목표로 한다고 했으므로, 새로운 서비스는 Newport에 거주하는 사람들만 이용할 수 있다는 것은 지문의 내용과 다르다.
③ 지문 중간에서 도서관의 데이터베이스는 이제 모든 컴퓨터나 모바일 기기에서 원격으로 이용할 수 있다고 했으므로, 도서관의 데이터베이스에 접근하려면 도서관 컴퓨터를 사용해야 한다는 것은 지문의 내용과 다르다.
④ 새로운 서비스 사용 요건에서 도서관 카드를 소지하고 개인 식별 번호를 등록해야 한다고 했으므로, 사용자가 개인 식별 번호를 가지고 있는 한 도서관 카드는 더 이상 필요하지 않다는 것은 지문의 내용과 다르다.

해석

① 새로운 서비스는 Newport에 거주하는 사람들만 이용할 수 있다.
② 정부 자금 지원으로 새로운 서비스가 가능해졌다.
③ 도서관의 데이터베이스에 접근하려면 도서관 컴퓨터를 사용해야 한다.
④ 사용자가 개인 식별 번호를 가지고 있는 한 도서관 카드는 더 이상 필요하지 않다.

어휘

funding 자금 지원

09 독해 유의어 파악   난이도 하 ●○○

밑줄 친 promoting의 의미와 가장 가까운 것은?

① raising 들어올리다
② encouraging 부추기다
③ publicizing 광고하다
④ sponsoring 후원하다

해설

밑줄 친 부분이 포함된 문장에서 promoting은 독서와 학습을 '촉진하다'라는 의미로 쓰였으므로, '부추기다'라는 의미의 ② encouraging이 정답이다.

10~11 다음 글을 읽고 물음에 답하시오.

(A)

History connects us to our roots, reminding us of the people and events that shaped our community.

Unfortunately, we may ¹⁰lose part of this connection if nothing is done to save Brennan House. This historic building dating to 1836 was once the heart of our town's early government, ¹¹⁻①serving as both our first courthouse and meeting hall. Now, ¹⁰it is falling apart.

¹¹⁻②If we work together, though, there's still time to save it. ¹¹⁻③A public meeting will be held to discuss restoration plans and how you can help preserve this irreplaceable piece of our town's past.

Sponsored by the Campbell Creek Heritage Preservation Society

Location: Llewelyn Marshall Elementary School, Auditorium
Date: Friday, October 5
Time: ¹¹7:00 p.m. – 8:30 p.m. (doors open 30 minutes before the meeting starts)

For questions about the meeting, please visit www. brennanhouse-restore.org.

해석

(A) Brennan House가 위험에 처해 있습니다

역사는 우리를 우리의 뿌리와 연결하여, 우리 공동체를 형성한 사람들과 사건들을 떠올리게 합니다.

안타깝게도, Brennan House를 구하기 위해 아무런 조치를 취하지 않으면 이 연결의 일부를 잃을 수 있습니다. 1836년으로 거슬러 올라가는 이 역사적인 건물은 한때 우리 마을 초기 정부의 중심지였으며, 최초의 법원이자 회의장 역할을 했습니다. 지금은 건물이 무너지고 있습니다.

하지만 우리가 함께 노력한다면, 아직 그것(Brennan House)을 구할 시간이 있습니다. 복원 계획과 우리 마을 과거의 이 대체할 수 없는 부분을 보존하는 데 도움이 될 수 있는 방법을 논의하기 위해 공청회가 열릴 예정입니다.

Campbell Creek 유산 보존 협회가 후원합니다

장소: Llewelyn Marshall 초등학교, 강당
날짜: 10월 5일 금요일
시간: 오후 7시 – 오후 8시 30분 (회의장은 회의 시작 30분 전에 개방됨)

회의에 관한 질문을 위해서는, www.brennanhouse-restore.org를 방문해 주세요.

어휘

root 뿌리 shape 형성하다 connection 연결 courthouse 법원
fall apart 무너지다 restoration 복원 preserve 보존하다
irreplaceable 대체할 수 없는

10 독해 제목 파악   난이도 중 ●●○

(A)에 들어갈 윗글의 제목으로 가장 적절한 것은?

① Brennan House Is in Danger
② Architectural Features of Brennan House
③ Proposal for the Future Uses of Brennan House
④ Importance of Brennan House to Tourism

해설

지문 앞부분에서 Brennan House를 구하기 위해 아무런 조치를 취하지 않으면 우리와 우리 뿌리의 연결 일부를 잃을 수 있으며 건물이 무너지고 있다는 심각성을 알리고 있고, 지문 중간에서 대책 마련 공청회에 참석할 것을 권유하고 있으므로, '① Brennan House가 위험에 처해 있습니다'가 이 글의 제목이다.

해석

① Brennan House가 위험에 처해 있습니다
② Brennan House의 건축적 특징
③ Brennan House의 미래 활용 제안
④ Brennan House가 관광에 미치는 중요성

어휘

architectural 건축상의

---

11 독해 내용 불일치 파악 난이도 중 ●●○

위 안내문의 내용과 일치하지 않는 것은?

① Brennan House는 마을 최초의 법원이었다.
② Brennan House를 보존하려면 협력이 필요하다.
③ 회의에서 복원 계획을 논의할 예정이다.
④ 회의장은 오후 7시부터 입장할 수 있다.

해설

지문 마지막 부분에서 회의는 오후 7시에 시작하며, 회의장은 회의 시작 30분 전에 개방된다고 했으므로, '④ 회의장은 오후 7시부터 입장할 수 있다'는 것은 지문의 내용과 일치하지 않는다.

---

12 독해 목적 파악 난이도 중 ●●●

다음 글의 목적으로 가장 적절한 것은?

To	subscribers@websafeisp.com
From	support@websafeisp.com
Date	June 1
Subject	Internet safety

Dear Subscribers,

Children are spending more time online than ever before. While the Internet offers learning and entertainment, it also comes with risks. To keep your children safe online, please follow these essential guidelines:

1. Educate your children about online dangers, including cyberbullying, predators, and scams.
2. Enable privacy settings on all the social media and gaming platforms your children use.
3. Activate WebSafe's Family Protection features to automatically filter out inappropriate content for your children.
4. Set limits on the amount of screen time your children can have.

For more tips and tools on digital safety, visit WebSafe's Online Safety Center.

Sincerely,
WebSafe ISP Support Team

① to provide instructions on installing an ad blocker
② to provide a list of websites children often visit
③ to provide guidance on protecting children from online risks
④ to provide strategies for reducing children's screen time

해설

지문 처음에서 인터넷은 위험도 수반한다고 말하며 자녀들을 온라인에서 안전하게 보호하려면 필수 지침을 준수하라고 하고, 지문 중간에서 몇 가지 지침을 알려 주고 있으므로, '③ 온라인 위험으로부터 어린이들을 보호하는 방법에 관한 지침을 제공하려고'가 이 글의 목적이다.

해석

받는 사람: subscribers@websafeisp.com
보낸 사람: support@websafeisp.com
날짜: 6월 1일
제목: 인터넷 안전

구독자분들께,

어린이들이 그 어느 때보다 많은 시간을 온라인에서 보내고 있습니다. 인터넷은 학습 및 오락을 제공하지만, 위험도 수반합니다. 자녀들을 온라인에서 안전하게 보호하려면, 다음 필수 지침을 준수하세요:

1. 자녀에게 사이버 괴롭힘, 포식자(유해한 사람들), 사기를 포함한 온라인 위험에 관해 교육하세요.
2. 자녀가 사용하는 모든 소셜 미디어 및 게임 플랫폼에서 개인정보 보호 설정을 활성화하세요.
3. 자녀에게 부적절한 콘텐츠를 자동으로 걸러내기 위해 WebSafe의 '가족 보호' 기능을 활성화하세요.
4. 자녀가 볼 수 있는 화면 시간을 제한하세요.

디지털 안전에 관한 자세한 조언과 도구를 위해서는, WebSafe의 온라인 안전 센터를 방문하세요.

진심으로,
WebSafe ISP 지원팀

① 광고 차단 장치를 설치하는 것에 관한 지침을 제공하려고
② 어린이들이 자주 방문하는 웹사이트 목록을 제공하려고
③ 온라인 위험으로부터 어린이들을 보호하는 방법에 관한 지침을 제공하려고
④ 어린이들의 화면 시간을 줄이기 위한 전략을 제공하려고

어휘

essential 필수의 predator 포식자 scam 사기 activate 활성화하다
automatically 자동으로 filter out ~을 걸러내다 inappropriate 부적절한

---

13 독해 주제 파악 난이도 중 ●●○

다음 글의 주제로 가장 적절한 것은?

The hyperloop, a high-speed transportation system, is moving closer to becoming a reality. Unlike traditional trains whose wheels touch the ground and create friction, this technology propels train cars through depressurized tubes using powerful magnets. Since they don't touch the track and have almost no air to slow them down, these trains can reach extremely high speeds; it is theorized that once the system is fully developed, it will be possible to move trains at speeds of up to 1,220 kilometers an hour, drastically cutting transportation times. The system also promises to be more environmentally friendly than current transportation options as it could run on electricity sourced from renewable energy. While technical and financial challenges remain, steady progress toward the hyperloop's commercial viability is being made.

① Proposals for reducing friction in railway travel
② Demand for renewable energy in public transit
③ Technical and financial challenges of developing new transit infrastructure
④ Advancement of high-speed transportation technology

해설

지문 전반에 걸쳐 고속 교통 시스템인 하이퍼루프가 현실화에 가까워지고 있으며 이로 인한 빠른 속도와 환경친화적인 효과를 설명하고, 마지막에서 꾸준한 진전을 이루고 있다고 강조하고 있으므로, '④ 고속 교통 기술의 발전'이 이 글의 주제이다.

해석

고속 교통 시스템인 하이퍼루프가 현실화에 가까워지고 있다. 바퀴가 지면에 닿아 마찰을 일으키는 기존 열차와 달리, 이 기술은 강력한 자석을 사용하여 감압 튜브를 통해 열차 차량을 추진한다. 선로에 닿지 않고 속도를 늦출 공기가 거의 없기 때문에 이 열차는 매우 빠른 속도에 도달할 수 있으며, 시스템이 완전히 개발되면 최대 시속 1,220킬로미터의 속도로 열차를 이동시킬 수 있어 운송 시간을 극적으로 단축할 것으로 이론상 추정된다. 또한, 이 시스템은 재생 가능 에너지에서 공급되는 전기로 운행할 수 있기 때문에 현재의 운송 수단보다 더 환경친화적일 것으로 기대된다. 기술적 및 재정적 과제는 남아 있지만, 하이퍼루프의 상용화 가능성에 대한 꾸준한 진전이 이루어지고 있다.

① 철도 이동에서 마찰을 줄이기 위한 제안
② 대중교통에서의 재생 가능 에너지 수요
③ 새로운 교통 인프라 개발의 기술적 및 재정적 과제
④ 고속 교통 기술의 발전

어휘

friction 마찰 propel 추진하다 depressurize 감압하다 magnet 자석
theorize 이론상 상정하다 renewable 재생 가능한 steady 꾸준한
commercial 상업의 viability 실행 가능성 advancement 발전, 진보

---

14 독해 내용 불일치 파악 난이도 하 ●○○

다음 글의 내용과 일치하지 않는 것은?

Tours of Empire Stage Theater run seven days a week from 9:00 a.m. to 4:00 p.m. and ①last approximately 60 minutes. Tickets are available for purchase online or in person at the box office for $45 per person, although please note that ②the box office is cashless, only accepting debit and credit cards and mobile payments. A special group rate offering a 20 percent discount on regular ticket prices applies to parties of 15 guests or more.

The tour route requires the use of stairs and elevators. ③Guests with mobility limitations may request wheelchair transport for the tour, free of charge, but advance notice of 24 hours is recommended to ensure availability.

• Audio and video recording is prohibited, but tour guests are permitted to take photos.

For more information, please contact Guest Relations at 1 (800) 245-2924.

① The tour is about an hour long.

② The box office does not accept cash payments.

③ Free wheelchair transport is available for guests with mobility challenges.

④ The use of a camera is prohibited on the tour.

해설

지문 마지막 부분에서 투어 손님은 사진 촬영이 허용된다고 했으므로, '④ 투어 중에는 카메라 사용이 금지되어 있다'는 것은 지문의 내용과 일치하지 않는다.

해석

Empire Stage 극장 투어는 주 7일 오전 9시부터 오후 4시까지 운영되며 약 60분간 진행됩니다. 입장권은 온라인 또는 직접 매표소에서 1인당 45달러에 구매할 수 있지만, 매표소는 현금을 받지 않고 직불카드 및 신용카드와 모바일 결제만 가능하다는 것을 알아 두기를 바랍니다. 일반 입장료의 20% 할인을 제공하는 특별 단체 요금은 15명 이상의 단체에 적용됩니다.

투어 경로는 계단과 엘리베이터를 이용해야 합니다. 거동이 어려운 손님은 투어를 위해 휠체어 이동을 무료로 요청할 수 있지만, 이용 가능 여부를 확인하기 위해 24시간 전에 미리 알려 주시는 것이 좋습니다.

▪ 오디오 및 비디오 녹화는 금지되어 있지만, 투어 손님은 사진 촬영이 허용됩니다.

자세한 내용은 1 (800) 245-2924로 고객 관계 부서에 문의하시기를 바랍니다.

① 투어는 약 한 시간 정도 소요된다.

② 매표소는 현금 결제를 받지 않는다.

③ 거동이 불편한 손님은 무료 휠체어 이동을 이용할 수 있다.

④ 투어 중에는 카메라 사용이 금지되어 있다.

어휘

approximately 대략 in person 직접 accept 받아들이다
apply 적용되다 stair 계단 mobility 이동성 limitation 제약, 한계
advance 사전의 availability 이용 가능성 prohibit 금지하다
permit 허용하다

다음 글의 요지로 가장 적절한 것은?

Digital Wellbeing

Maintaining digital wellbeing has become an important consideration in the modern world. This entails keeping a healthy relationship with technology and ensuring that it enhances, rather than hinders, our lives.

Digital Detox

A digital detox is a period in which the use of digital services and devices, such as the Internet, smartphones, and computers, is greatly reduced or eliminated in order to counteract the overuse of the technology and the stress, reduced productivity, and strained relationships that it can cause in one's life.

Digital wellbeing can be greatly improved by the practice of digital detox, but it may be only a temporary solution. Truly achieving the long-term benefits of digital wellbeing generally requires a consistent approach that includes mindful usage, boundaries, and healthy habits to foster long-term harmony with technology.

① Digital wellbeing requires one to give up online services.

② Digital wellbeing is best achieved through managing technology usage.

③ Digital wellbeing can be a barrier to life in today's world.

④ Digital wellbeing leads to an increase in productivity.

해설

지문 마지막에서 디지털 디톡스는 일시적인 해결책에 불과하며, 디지털 웰빙의 장기적인 이점을 진정으로 달성하려면 기술과의 장기적인 조화를 촉진하기 위해 의식적인 사용, 경계, 건강한 습관을 포함한 일관된 접근 방식이 필요하다고 했으므로, '② 디지털 웰빙은 기술 사용 관리를 통해 가장 잘 달성된다'가 이 글의 요지이다.

해석

디지털 웰빙

디지털 웰빙을 유지하는 것은 현대 사회에서 중요한 고려 사항이 되었다. 이는 기술과 건강한 관계를 유지하고 기술이 우리의 삶을 방해하는 것이 아니라 향상시키도록 하는 것을 의미한다.

디지털 디톡스

디지털 디톡스는 기술의 남용과 이로 인해 생활에서 발생할 수 있는 스트레스, 생산성 저하, 뒤틀어진 관계에 대응하기 위해 인터넷, 스마트폰, 컴퓨터와 같은 디지털 서비스와 기기의 사용을 크게 줄이거나 완전히 중단하는 시기이다.

디지털 웰빙은 디지털 디톡스의 실천으로 크게 개선될 수 있지만, 일시적인 해결책에 불과할 수 있다. 디지털 웰빙의 장기적인 이점을 진정으로 달성하려면 일반적으로 기술과의 장기적인 조화를 촉진하기 위해 의식적인 사용, 경계, 건강한 습관을 포함한 일관된 접근 방식이 필요하다.

① 디지털 웰빙은 온라인 서비스를 포기하는 것을 요구한다.
② 디지털 웰빙은 기술 사용 관리를 통해 가장 잘 달성된다.
③ 디지털 웰빙은 오늘날의 삶에 장애물이 될 수 있다.
④ 디지털 웰빙은 생산성 향상으로 이어진다.

어휘

consideration 고려 사항　entail 의미하다　relationship 관계
hinder 방해하다, 훼방하다　detox 해독　eliminate 없애다, 제거하다
counteract 대응하다　overuse 남용　productivity 생산성
strained (관계 등이) 뒤틀어진, 껄끄러운　temporary 일시적인
consistent 일관된　mindful 의식하는, 염두에 두는　usage 사용
boundary 경계　foster 촉진하다　give up ~을 포기하다
barrier 장애(물), 방해

16 독해 무관한 문장 삭제　난이도 중 ●●○

다음 글의 흐름상 어색한 문장은?

Presentation skills are essential in academic, professional, and public settings. ① Regardless of their purpose, presentations need to have clear organization, confident delivery, and audience engagement. ② To achieve these and ensure a smooth and impactful delivery, one must prepare in advance and practice the presentation thoroughly. ③ Nearly any topic or assignment can be adapted to a presentation that allows concepts to be better explained to a general audience. ④ The more you work on developing your presentation skills, the more confident and persuasive you will be. Once developed, your presentation skills will allow your messages to be conveyed more effectively and leave a lasting impression on your audience no matter who they may be.

해설

지문 처음에서 발표 기술은 필수적이라고 언급한 뒤, ①번에서 발표의 핵심 요소를 소개하고, ②번에서 이 요소를 달성하기 위한 발표 준비와 연습의 중요성을 강조하고, ④번에서 발표 기술 향상의 효과를 설명하고 있다. 그러나 ③번은 발표에 맞게 주제나 과제를 조정할 수 있다는 내용으로 발표 기술의 중요성에 관한 내용과 관련이 없다.

해석

발표 기술은 학문적, 직업적, 공적 환경에서 필수적이다. ① 목적과 관계없이, 발표는 명확한 조직력, 자신감 있는 전달력, 청중의 참여가 필요하다. ② 이것들을 달성하고 원활하고 영향력 있는 전달을 보장하려면, 사전에 준비하고 발표를 철저히 연습해야 한다. ③ 거의 모든 주제나 과제는 일반 청중에게 개념을 더 잘 설명할 수 있는 발표에 맞게 조정될 수 있다. ④ 발표 기술을 개발하는 데 더 많은 노력을 기울일수록, 자신감과 설득력이 높아질 것이다. 발표 기술이 개발되면, 메시지가 더 효과적으로 전달되고 청중이 누구든지 간에 지속적인 인상을 남길 수 있게 해 줄 것이다.

어휘

academic 학문의　regardless of ~과 관계없이　confident 자신감 있는

engagement 참여　smooth 원활히 진행되는, 순조로운　practice 연습하다
thoroughly 철저히　adapt 조정하다, 맞추다　explain 설명하다
persuasive 설득력 있는　convey 전달하다　impression 인상

17 독해 문장 삽입　난이도 중 ●●○

주어진 문장이 들어갈 위치로 가장 적절한 것은?

While volunteer work offers clear personal benefits, its broader impact on society is far more significant.

Volunteering refers to the practice of freely offering one's time, skills, or resources to help others. (①) Many see volunteering as a valuable way to gain skills, build experience, and strengthen résumés, a perspective reinforced by the fact that many schools require community service for graduation. (②) Community services, such as those that support vulnerable populations, education, and public health, often operate with limited funding and resources. (③) Volunteers ultimately provide a solution to these shortfalls. (④) By stepping in to support essential programs, they help ensure that communities receive the assistance they need.

해설

②번 앞 문장에서 많은 사람들이 자원봉사를 기술을 습득하고, 경험을 쌓고, 이력서를 강화하는 가치 있는 방법으로 보고 있다고 하고, ②번 뒤 문장에서 취약 계층, 교육, 공중 보건을 지원하는 것과 같은 지역사회 봉사는 종종 제한된 자금과 자원으로 운영된다고 했으므로, ②번 자리에 자원봉사 활동은 명확한 개인적 혜택을 제공하지만 사회에 미치는 광범위한 영향은 훨씬 더 중요하다는 내용, 즉 자원봉사의 개인적인 이점과 지역사회 봉사의 상황을 설명하는 문장 사이에 주어진 문장이 들어가야 지문이 자연스럽게 연결된다.

해석

자원봉사는 다른 사람들을 돕기 위해 자신의 시간, 기술, 또는 자원을 자유롭게 제공하는 실천을 의미한다. 많은 사람들이 자원봉사를 기술을 습득하고, 경험을 쌓고, 이력서를 강화하는 가치 있는 방법으로 보고 있으며, 이는 많은 학교에서 졸업을 위해 지역사회 봉사를 요구한다는 사실에 의해 강화된 관점이다. ② 자원봉사 활동은 명확한 개인적 혜택을 제공하지만, 사회에 미치는 광범위한 영향은 훨씬 더 중요하다. 취약 계층, 교육, 공중 보건을 지원하는 것과 같은 지역사회 봉사는 종종 제한된 자금과 자원으로 운영된다. 자원봉사자들은 궁극적으로 이러한 부족한 부분에 대한 해결책을 제공한다. 필수 프로그램을 지원하기 위해 나섬으로써, 그들(자원봉사자들)은 지역사회가 필요한 도움을 받을 수 있도록 돕는다.

어휘

significant 중요한　valuable 가치 있는, 귀중한　strengthen 강화하다
perspective 관점　reinforce 강화하다　graduation 졸업
vulnerable 취약한　ultimately 궁극적으로　shortfall 부족분
step in 돕고 나서다, 개입하다　assistance 도움, 원조

18 독해 문단 순서 배열 　　　　　난이도 하 ●○○

주어진 글 다음에 이어질 글의 순서로 가장 적절한 것은?

Conducting a scientific experiment requires careful preparation. A researcher starts with a hypothesis and collects all the tools and materials needed to prove or disprove its validity.

(A) Any relevant observation that is made while performing these actions is carefully recorded.

(B) With the data documented, the results can be analyzed. If they support the hypothesis, repeating the experiment may confirm the conclusion; if not, the entire process must begin again with a revised hypothesis.

(C) Once everything is in place, a strict procedure is followed. This may include controlling certain conditions and making precise measurements.

① (B) – (A) – (C)　　　　② (B) – (C) – (A)
③ (C) – (A) – (B)　　　　④ (C) – (B) – (A)

해설

주어진 문장에서 과학 실험을 시행할 때 가설의 타당성 검증을 위해 필요한 모든 도구와 자료를 수집한다고 하고, (C)에서 모든 것이 준비되면 특정 조건을 통제하고 정확한 측정을 하는 절차를 설명하고 있다. 이어서 (A)에서 이러한 작업(these actions)을 하는 동안 발견된 모든 관련 관찰은 신중하게 기록된다고 하고, (B)에서 데이터(the data)가 기록되면 결과를 분석할 수 있고, 그 결과가 가설을 뒷받침하는 경우와 그렇지 않은 경우 어떻게 하는지 설명하고 있다. 따라서 ③번이 정답이다.

해석

과학 실험을 시행하는 것은 신중한 준비가 필요하다. 연구자는 가설로 시작하여 그것의 타당성을 입증하거나 반증하는 데 필요한 모든 도구와 자료를 수집한다.

(C) 모든 것이 준비되면 엄격한 절차를 따른다. 여기에는 특정 조건을 통제하고 정확한 측정을 하는 것이 포함될 수 있다.

(A) 이러한 작업을 수행하는 동안 발견된 모든 관련 관찰은 신중하게 기록된다.

(B) 데이터가 기록되면, 결과를 분석할 수 있다. 그것들(결과)이 가설을 뒷받침하는 경우 실험을 반복하여 결론을 확정할 수 있으며, 그렇지 않은 경우 수정된 가설로 전체 과정을 다시 시작해야 한다.

어휘

experiment 실험　preparation 준비　hypothesis 가설　collect 수집하다
prove 입증하다, 증명하다　disprove 틀렸음을 입증하다
validity 타당성, 유효성　observation 관찰　record 기록하다
document 기록하다　repeat 반복하다　confirm 확정하다
conclusion 결론　in place ~을 위한 준비가 되어 있는　strict 엄격한
control 통제하다, 제어하다　precise 정확한　measurement 측정

19 독해 빈칸 완성 – 구 　　　　　난이도 중 ●●○

밑줄 친 부분에 들어갈 말로 가장 적절한 것을 고르시오.

Technological advancements can be extremely disruptive when they are first introduced. In many cases, the improved productivity they immediately allow reduces the need for human workers, eliminating jobs. However, as these technologies become integrated into various industries over time, specialized skills related to them become increasingly valuable. Companies need workers who can continuously maintain and improve these new systems, ultimately causing a _____.
As a result, while there may no longer be a need for certain traditional jobs, workers who adapt their skills to meet evolving technological demands often discover entirely new opportunities.

① decline in workplace productivity
② transformation of the employment landscape
③ stagnation of essential workplace skills
④ rise in job dissatisfaction

해설

빈칸 뒷부분에서 특정 전통적인 직업이 더 이상 필요하지 않을 수도 있지만, 변화하는 기술적 요구 사항에 맞게 자신의 기술을 조정하는 근로자는 완전히 새로운 기회를 발견하게 된다는 결과를 알려 주고 있으므로, 빈칸에는 기업은 이러한 새로운 시스템을 지속적으로 유지하고 개선할 수 있는 근로자가 필요하며, 이는 궁극적으로 '② 고용 시장의 변화'를 초래한다는 내용이 들어가야 한다.

해석

기술 발전은 처음 도입될 때 매우 파괴적일 수 있다. 많은 경우, 그것들(기술 발전)이 즉시 가능하게 하는 생산성 향상은 인간 근로자의 필요성을 줄여 일자리를 없앤다. 그러나 이러한 기술이 시간이 지나면서 다양한 산업에 통합됨에 따라, 그것들(기술)과 관련된 전문 기술은 점점 더 가치 있게 된다. 기업은 이러한 새로운 시스템을 지속적으로 유지하고 개선할 수 있는 근로자가 필요하며, 이는 궁극적으로 고용 시장의 변화를 초래한다. 그 결과, 특정 전통적인 직업이 더 이상 필요하지 않을 수도 있지만, 변화하는 기술적 요구 사항에 맞게 자신의 기술을 조정하는 근로자는 완전히 새로운 기회를 발견하는 경우가 많다.

① 직장 생산성의 저하
② 고용 시장의 변화
③ 필수적인 직장 기술의 정체
④ 직무 불만족의 증가

어휘

disruptive 파괴적인　immediately 즉시　integrate 통합하다
industry 산업　specialized 전문의　continuously 지속적으로
evolve 발전하다, 진화하다　discover 발견하다　entirely 완전히
decline 저하, 감소　transformation 변화　landscape 분야, …계
stagnation 정체, 부진　dissatisfaction 불만족

20 독해 빈칸 완성 - 절 난이도 중 ●●○

밑줄 친 부분에 들어갈 말로 가장 적절한 것을 고르시오.

The input hypothesis, developed by linguist Stephen Krashen, is related to how a first language is acquired: a child progresses with constant exposure to natural uses of the language that are slightly more advanced than his or her current level of competence rather than learning in a traditional classroom. For second-language acquisition as well, _____: receiving communicative language input that is comprehensible yet challenging is most imperative. Both first- and second-language learners sharpen their skills by encountering on a regular basis grammatical structures and vocabulary that test their boundaries of comprehension but do not exceed them. Krashen argues that consistent and natural interactions of this sort that force the learner to actively strive to grasp the meaning of the language input will result in true fluency over time.

① fluency is not always possible
② grammar is the key to communication
③ children are more likely to succeed
④ formal instruction alone is insufficient

해설

빈칸 앞 문장에서 입력 가설의 핵심 내용(아이는 전통적인 교실에서보다 언어의 자연스러운 사용에 대한 지속적인 노출로 인해 모국어를 습득함)을 언급한 뒤, 마지막 문장에서 지속적이고 자연스러운 상호작용이 진정한 언어의 유창성으로 이어진다고 강조하고 있다. 따라서 빈칸에는 제2외국어 습득에 있어서도 '④ 정규 교육만으로는 부족하며' 의사소통 언어의 입력을 받는 것이 가장 필수적이라는 내용이 들어가야 한다.

해석

언어학자 스티븐 크라센에 의해 개발된 입력 가설은 모국어가 어떻게 습득되는지와 관련되어 있다. 아이는 전통적인 교실에서 배우는 것보다 그 아이의 현재 언어 능력보다 약간 더 상급 수준인 언어의 자연스러운 사용에 대한 지속적인 노출로 인해 발전한다. 제2외국어 습득에 있어서도, 정규 교육만으로는 부족하다. 이해할 수 있지만 어려운 의사소통 언어의 입력을 받는 것이 가장 필수적이다. 모국어와 제2외국어 학습자 모두 정기적으로 그들의 이해의 범위를 벗어나지 않는 수준에서 그것을 시험하는 문법 구조와 어휘를 접함으로써 그들의 능력을 연마한다. 크라센은 학습자가 적극적으로 언어 입력의 의미를 파악하려고 애쓰게 만드는 이러한 종류의 지속적이고 자연스러운 상호작용이 시간이 지남에 따라 진정한 유창성으로 이어질 것이라고 주장한다.
① 유창성은 언제나 가능한 것이 아니다
② 문법은 의사소통에 있어 핵심이다
③ 아이들은 성공할 가능성이 더 높다
④ 정규 교육만으로는 부족하다

어휘

input 입력, 투입 hypothesis 가설, 이론 linguist 언어학자
first language 모국어, 제1언어 acquire 습득하다 progress 발전하다
constant 지속적인 exposure 노출 slightly 약간 advanced 상급의
competence 언어 능력, 능숙함 second-language 제2외국어의
acquisition 습득 communicative 의사소통의
comprehensible 이해할 수 있는 challenging 어려운, 까다로운
imperative 필수적인, 긴요한 sharpen 연마하다 encounter 접하다
on a regular basis 정기적으로 boundary 범위
exceed 벗어나다, 초과하다 strive to ~하려고 애쓰다
grasp 파악하다, 이해하다 fluency 유창성 instruction 교육, 지시
insufficient 부족한, 불충분한

구문분석

[9행] Both first- and second-language learners / sharpen their skills / by encountering / on a regular basis / grammatical structures and vocabulary / that test their boundaries of comprehension but do not exceed them.
: 이처럼 접속사 'both A and B'가 쓰이는 경우, 'A와 B 모두', 'A와 B 둘 다'라고 해석한다.

실전모의고사 분석 & 셀프 체크

제2회 난이도	중	제2회 합격선	16 / 20문제	권장 풀이시간	27분
체감 난이도		맞힌 개수	/ 20문제	실제 풀이시간	/ 27분

* 시험지 첫 페이지 QR 코드 스캔을 통해 좀 더 자세한 성적 분석 서비스 사용이 가능합니다.

정답

01	02	03	04	05	06	07	08	09	10
②	④	②	③	②	③	③	③	①	②
11	12	13	14	15	16	17	18	19	20
④	④	①	②	②	③	②	②	④	④

취약영역 분석표

영역	어휘	문법	생활영어	독해	TOTAL
맞힌 답의 개수	/ 2	/ 3	/ 2	/ 13	/ 20

---

01 어휘 criticism
난이도 중 ●●○

밑줄 친 부분에 들어갈 말로 가장 적절한 것을 고르시오.

> The company's spokesperson strongly denied that she had lied to the public, saying that she resented the _____.

① evidence 증거
② criticism 비판
③ awareness 의식
④ clarity 명확성

해석

회사의 대변인은 그 비판을 분하게 여긴다고 말하며, 그녀가 대중에게 거짓말을 했다는 것을 강력히 부인했다.

어휘

spokesperson 대변인 strongly 강력히 deny 부인하다
resent 분하게 여기다, 분개하다

이것도 알면 합격!

criticism(비판)의 유의어
= blame, disapproval

---

02 어휘 consistency
난이도 하 ●○○

밑줄 친 부분에 들어갈 말로 가장 적절한 것을 고르시오.

> Over the past 70 years, the US economy has followed a similar path of recovery following every recession, suggesting its business cycle has _____.

① affluence 풍부함
② consequence 결과
③ dependence 의존
④ consistency 일관성

해석

지난 70년 동안, 미국 경제는 매 경기 침체 이후 유사한 회복 경로를 따랐으며, 이는 그것의 경기 순환이 일관성을 가지고 있음을 시사한다.

어휘

recovery 회복, 되찾음 recession 경기 침체, 불황
business cycle 경기 순환

이것도 알면 합격!

consistency(일관성)의 유의어
= coherence, regularity, uniformity

03　문법 동사의 종류　난이도 중 ●●○

밑줄 친 부분에 들어갈 말로 가장 적절한 것을 고르시오.

> When I took a nap, I heard some noise _____ from the construction site.

① blared　　　　　　② blaring ✓
③ to blare　　　　　④ be blared

해설

② 5형식 동사 빈칸은 5형식 동사(heard)의 목적격 보어 자리이다. 지각동사 hear(heard)는 목적어와 목적격 보어가 능동 관계일 때 동사원형이나 현재분사를 목적격 보어로 취하는 5형식 동사인데, 주어진 문장에서 목적어(some noise)와 목적격 보어가 '소음이 요란하게 울리다'라는 의미의 능동 관계이므로 현재분사 ② blaring이 정답이다.

해석

내가 낮잠을 자고 있었을 때, 공사장에서 요란하게 울리는 소음이 들렸다.

어휘

take a nap 낮잠을 자다　construction 공사, 건설　blare 요란하게 울리다

이것도 알면 합격!

동사원형을 목적격 보어로 취하는 5형식 동사를 알아 두자.

사역동사	have ~이 -하게 시키다
	let ~이 -하도록 허락하다
	make ~이 -하게 만들다
지각동사	see/watch ~이 -하는 것을 보다
	notice ~이 -하는 것을 알아채다
	hear ~이 -하는 소리를 듣다
	feel ~이 -하는 것을 느끼다

04　문법 부사절　난이도 하 ●○○

밑줄 친 부분 중 어법상 옳지 않은 것을 고르시오.

> One of the biggest ① advantages of the coding bootcamp that you are enrolled in ② is that it fully prepares those who complete it for a career in computer programming, which is a lucrative field. ③ Despite the program is intensive, [→ Even though / Although] many people find it ④ rewarding.

해설

③ 부사절 자리와 쓰임 전치사(Despite)의 목적어 자리에는 명사 역할을 하는 것이 와야 하는데, 뒤에 완전한 절(the program ~ intensive)이 왔으므로 전치사 Despite를 완전한 절 앞에 올 수 있는 부사절 접속사 Even though나 Although로 고쳐야 한다.

[오답 분석]

① 수량 표현 수량 표현 One of(~ 중 하나)는 복수 명사 앞에 오는 수량 표현이므로 복수 명사 advantages가 올바르게 쓰였다.

② 수량 표현의 수 일치 주어 자리에 단수 취급하는 수량 표현 'One of + 명사'(One of the biggest advantages)가 왔으므로 단수 동사 is가 올바르게 쓰였다.

④ 보어 자리 동사 find는 '~을 -이라고 생각하다'의 뜻으로 쓰일 때 목적격 보어를 취하는 동사인데, 보어 자리에는 형용사 역할을 하는 것이 와야 하므로 형용사 rewarding이 올바르게 쓰였다.

해석

당신이 등록한 코딩 부트캠프의 가장 큰 장점 중 하나는 그것을 수료한 사람들이 수익성이 좋은 분야인 컴퓨터 프로그래밍 분야에서 경력을 쌓을 수 있도록 완전히 준비시켜 준다는 점이다. 프로그램이 빡빡함에도 불구하고, 많은 사람들이 그것을 보람 있다고 생각한다.

어휘

advantage 장점, 이점　enroll in ~에 등록하다　lucrative 수익성이 좋은
intensive 집중적인(짧은 시간에 많은 일·활동을 하는)　rewarding 보람 있는

이것도 알면 합격!

단수/복수 취급하는 수량 표현을 추가로 알아 두자.

단수 취급하는 수량 표현	복수 취급하는 수량 표현
• one / each (+ of the) (+ 명사) • every / the number of / neither of + 명사 • somebody, someone, something • anybody, anyone, anything • everybody, everyone, everything • nobody, no one, nothing	• many / several / few / both (+ of the) + 복수 명사 • a number of / a couple of / a range of / a variety of + 복수 명사

05　문법 주어·동사/목적어·보어/수식어　난이도 하 ●○○

밑줄 친 부분 중 어법상 옳지 않은 것을 고르시오.

> The field of literary analysis is ① full of varying approaches. Some critics ② believing [→ believe] they can understand the historical and cultural context of a work ③ well enough to pinpoint an author's intention, even when the author has been dead for over a hundred years. Then, there are ④ those who dedicate themselves to only appreciating the textual elements: language style, plot, and literary devices.

해설

② 동사 자리 동사 자리에 '동사원형 + -ing' 형태는 올 수 없고, 주어 자리에 복수 명사 Some critics가 왔으므로 believing을 복수 동사 believe로 고쳐야 한다.

[오답 분석]

① 기타 전치사 형용사 full은 전치사 of와 함께 쓰여 '~으로 가득한'이라는 의미를 나타낼 수 있으므로 full of가 올바르게 쓰였다.

③ **혼동하기 쉬운 어순** enough는 부사(well)를 뒤에서 수식하므로 well enough가 올바르게 쓰였다.

④ **지시대명사** 문맥상 '텍스트 요소만 감상하는 데 전념하는 사람들'이라는 의미가 되어야 자연스러우므로 뒤에서 수식어구(who dedicate ~ devices)의 꾸밈을 받아 '~한 사람들'을 나타내는 지시대명사 those가 올바르게 쓰였다.

[해석]

문학 분석 분야는 다양한 접근 방식으로 가득하다. 일부 비평가들은 작가가 세상을 떠난 지 100년이 넘었더라도, 작가의 의도를 정확히 파악할 수 있을 만큼 작품의 역사적 · 문화적 맥락을 충분히 잘 이해할 수 있다고 생각한다. 그 밖에, 언어 스타일, 줄거리, 문학적 장치 등 텍스트 요소만 감상하는 데 전념하는 사람들도 있다.

[어휘]

analysis 분석 approach 접근(법) context 맥락, 문맥
pinpoint 정확히 설명하다 intention 의도 dedicate 전념하다, 헌신하다
plot 줄거리

[이것도 알면 합격!]

enough는 명사 앞에 오거나 형용사/부사 뒤에 온다는 것을 알아 두자.

• enough + 명사
(ex) She didn't have <u>enough</u> **time** to finish the project.
그녀는 그 프로젝트를 끝낼 시간이 충분하지 않았다.

• 형용사/부사 + enough
(ex) The movie wasn't **interesting** <u>enough</u> to keep me awake.
그 영화는 나를 깨어 있게 할 만큼 충분히 흥미롭지 않았다.

---

06 생활영어 Just ask the HR Department for the records. 난이도 하 ●○○

밑줄 친 부분에 들어갈 말로 가장 적절한 것을 고르시오.

 Mark Dobbins
Are you ready for the new employee orientation?
15:12

Liz Adams
Everything is almost ready. I just need to remind the new hires to get their employee ID badges in advance.
15:12

 Mark Dobbins
Why don't you send them all an email?
15:13

Liz Adams
I don't have all of their email addresses.
15:14

 Mark Dobbins
Oh, I see. You can find them in their employment files.
15:15

Liz Adams
Where can I get those?
15:15

 Mark Dobbins
_____
_____
15:15

① You can send it to everyone at once.
② I made a list of their contact information.
③ Just ask the HR Department for the records. ✓
④ You should check the address you sent it to.

[해설]

이메일 주소는 고용 파일에서 찾을 수 있다는 Mark의 말에 Liz가 Where can I get those?(그것들은 어디서 구할 수 있나요?)라고 묻고 있으므로, 빈칸에는 '③ 인사부에 기록을 요청하기만 하면 돼요(Just ask the HR Department for the records)'가 오는 것이 자연스럽다.

[해석]

Mark Dobbins: 신입 사원 오리엔테이션 준비됐나요?
Liz Adams: 모든 준비는 거의 끝났어요. 신입 사원들에게 사원증을 미리 받도록 상기시키기만 하면 해요.
Mark Dobbins: 그들에게 모두 이메일을 보내는 게 어때요?
Liz Adams: 저는 그들의 이메일 주소를 모두 가지고 있지 않아요.
Mark Dobbins: 아, 그렇군요. 그들의 고용 파일에서 찾을 수 있어요.
Liz Adams: 그것들은 어디서 구할 수 있나요?
Mark Dobbins: 인사부에 기록을 요청하기만 하면 돼요.

① 모두에게 한 번에 보내실 수 있어요.
② 제가 그들의 연락처 정보 목록을 작성했어요.
③ 인사부에 기록을 요청하기만 하면 돼요.
④ 보낸 주소를 확인하셔야 해요.

[어휘]

remind 상기시키다 record 기록

[이것도 알면 합격!]

준비 상황을 물을 때 사용할 수 있는 표현을 알아 두자.

• Is everything set? 모든 게 준비됐나요?
• How's everything going? 모든 게 잘 되어 가고 있나요?
• Do you need more time? 시간이 더 필요하세요?
• Are you all set? 모든 게 준비됐나요?

07 생활영어 What attracts you to that place? 난이도 하 ●○○

밑줄 친 부분에 들어갈 말로 가장 적절한 것을 고르시오.

> A: Are you ready for your trip?
> B: Yes, I've been packing all day. I think I have everything.
> A: That's great! Where will you go?
> B: Malibu. I'm so excited.
> A: Oh. _____
> B: The California coast. It's marvelous. I can't wait to jump into the ocean.
> A: I hope you have an unforgettable time.

① What are you going to do there?
② Will you use a car rental service?
③ What attracts you to that place?
④ Will you buy some snorkeling gear?

해설

어디로 여행 갈 건지 묻는 A의 말에 B가 말리부라고 대답하고, 빈칸 뒤에서 다시 B가 The California coast. It's marvelous. I can't wait to jump into the ocean(캘리포니아 해안이야. 그건 정말 멋져. 나는 바다에 뛰어드는 게 너무 기다려져)이라고 말하고 있으므로, 빈칸에는 '③ 무엇이 너를 그곳에 끌리게 한 거야?(What attracts you to that place?)'가 오는 것이 자연스럽다.

해석

> A: 여행 갈 준비는 됐니?
> B: 응, 나는 온종일 짐을 쌌어. 다 챙긴 것 같아.
> A: 훌륭해! 어디로 갈 거야?
> B: 말리부. 난 너무 신나.
> A: 아. 무엇이 너를 그곳에 끌리게 한 거야?
> B: 캘리포니아 해안이야. 그건 정말 멋져. 나는 바다에 뛰어드는 게 너무 기다려져.
> A: 잊을 수 없는 시간 보내길 바라.

① 그곳에서 무엇을 할 거야?
② 자동차 대여 서비스를 이용할 거니?
③ 무엇이 너를 그곳에 끌리게 한 거야?
④ 스노클링 장비를 좀 구입할 거니?

어휘

pack (짐을) 싸다, 꾸리다 marvelous 정말 멋진, 훌륭한
unforgettable 잊을 수 없는 attract 끌리게 하다, 유인하다

🏅 이것도 알면 합격!

여행을 준비할 때 사용할 수 있는 다양한 표현을 알아 두자.

• I'm just carrying a carry-on bag.
나는 그냥 기내 휴대용 가방만 들고 갈 거야.
• I'm ready to hit the road.
떠날 준비가 다 되었어.
• It pays to pack light.
가볍게 짐 싸는 게 득 보는 거야.

08~09 다음 글을 읽고 물음에 답하시오.

To	All district operations staff
From	Michael Norris
Date	April 4
Subject	A quick note

Hi, Team.

I just wanted to send a quick note before our first scheduled meeting on Monday morning. [08]I'd like to tell you a little bit about me as your new District Operations Manager and say how pleased I am to be working with all of you.

In case you weren't aware, prior to my assignment here, I was the company's District Operations Manager in Houston, Texas, for 12 years. During that time, we were [09]consistent leaders in terms of productivity and efficiency, thanks to our shared values of teamwork, responsibility, and open communication.

I hope this brief introduction gives you some idea of how I approach the job. Naturally, I am also eager to learn about your own methods and will be relying on your input and guidance in the coming weeks. See you on Monday!

Sincerely,
Michael Norris

해석

받는 사람: 모든 지역 운영 직원
보낸 사람: Michael Norris
날짜: 4월 4일
제목: 간단한 인사

팀 여러분, 안녕하세요.

월요일 아침에 예정된 우리의 첫 회의 전에 간단한 인사를 전하고자 합니다. 여러분의 새로운 지역 운영 관리자로서 여러분에게 저에 관해 조금 알려 드리고 여러분 모두와 함께 일하게 되어 얼마나 기쁜지 말씀드리고 싶었습니다.

혹시 모르셨을 수도 있겠지만, 여기로 배치되기 전에 저는 텍사스 휴스턴에서 12년 동안 회사의 지역 운영 관리자로 근무했습니다. 그동안 우리는 팀워크, 책임감, 열린 소통이라는 공통된 가치를 바탕으로 생산성과 효율성 측면에서 한결같은 선두주자였습니다.

이 간단한 소개를 통해 제가 업무에 어떻게 접근하는지에 대해 여러분이 어느 정도 이해할 수 있기를 바랍니다. 물론, 저도 여러분 각자의 방식에 관해 배우고 싶고 앞으로 몇 주 동안 여러분의 의견과 지도에 의존할 것입니다. 월요일에 뵙겠습니다!

진심으로,
Michael Norris

어휘

assignment 배치, 배정 consistent 한결같은, 일관된
in terms of ~ 면에서 productivity 생산성 value 가치
introduction 소개 approach 접근하다 naturally 물론, 당연히
eager (~하고) 싶어 하는 rely on ~에 의존하다, 의지하다 input 의견, 조언

---

08 독해 목적 파악   난이도 하 ●○○

윗글의 목적으로 가장 적절한 것은?
① 몇 주 동안 직원들에게 영향을 미치고 있는 문제를 논의하려고
② 동료의 승진을 축하하려고
③ 새로 배정된 팀의 리더로서 간단히 인사하려고
④ 모든 직원이 다가오는 회의의 안건을 숙지하도록 하려고

해설

지문 처음에서 새로운 지역 운영 관리자로서 자기에 관해 조금 알려 주고 싶었다고 했으므로, '③ 새로 배정된 팀의 리더로서 간단히 인사하려고'가 이 글의 목적이다.

---

09 독해 유의어 파악   난이도 중 ●●○

밑줄 친 consistent의 의미와 가장 가까운 것은?
① regular 일정한
② logical 논리적인
③ compatible 양립할 수 있는
④ agreeable 기분 좋은

해설

밑줄 친 부분이 포함된 문장에서 consistent는 생산성과 효율성 측면에서 '한결같은' 선두주자였다는 의미로 쓰였으므로, '일정한'이라는 의미의 ① regular가 정답이다.

10~11 다음 글을 읽고 물음에 답하시오.

> ### (A)
>
> [10]Celebrate the longest day of the year at the Redford Summer Solstice Festival! What better way to spend a day of sunshine than [10]by attending a community-wide event that shows off the art and music of local creatives?
>
> **Information**
> - **Date & Location:** [11-①]Saturday, June 21, at Redford Community Park
> - **Time:** 2:00 p.m. – 10:00 p.m. (LED light show finale starts at 9:00 p.m.)
> - **Admission:** [11-②]$10 for adults; free for children under 13. (All proceeds support performing artists)
>
> **Main Attractions**
> - **Music performances**
>   Dance the day away with over six hours of live music, featuring local bands and a drum circle.
> - **Craft Market**
>   [11-③]Explore unique handmade items, from pottery to clothing, created by talented artists. [11-③]These make great gifts for yourself or others.
>
> Spots are still available for vendors at the craft market. If you are interested in participating, [11]call event coordinator John Benning at (898) 670-3910.

해석

> #### (A) 가장 긴 날에 창의성을 감상해 보세요
>
> Redford 하지 축제에서 일 년 중 가장 긴 날을 기념하세요! 지역 창작자들의 예술과 음악을 뽐내는 전 지역 사회 행사에 참석하는 것보다 햇볕을 쬐는 하루를 보내는 더 좋은 방법은 무엇일까요?
>
> **정보**
> - **날짜 및 위치:** 6월 21일 토요일, Redford 지역 공원
> - **시간:** 오후 2시 – 오후 10시 (LED 조명 쇼 피날레는 오후 9시에 시작)
> - **입장료:** 성인 10달러, 13세 미만 어린이 무료. (모든 수익금은 공연 예술가 지원)
>
> **주요 행사**
> - **음악 공연**
>   현지 밴드와 드럼 동아리가 등장하는 6시간 이상의 라이브 음악과 함께 하루를 춤추며 즐기세요.
> - **공예 시장**
>   도자기부터 의류까지, 재능 있는 예술가들이 만든 독특한 수공예품을 탐험해 보세요. 자신이나 다른 사람을 위한 훌륭한 선물이 될 수 있습니다.
>
> 공예 시장의 공급업자들을 위한 자리가 아직 남아 있습니다. 참여하는 데 관심이 있으시면, 행사 진행자인 John Benning에게 (898) 670-3910으로 전화하세요.

어휘

summer solstice 하지 show off ~을 뽐내다, 자랑하다
proceeds 수익금 craft 공예 pottery 도자기 talented 재능 있는
vendor 공급업자 coordinator 진행자

---

10 독해 제목 파악 난이도 중 ●●○

(A)에 들어갈 윗글의 제목으로 가장 적절한 것은?

① Make Your Own Pottery
② Appreciate Creativity on the Longest Day
③ Show Off Your Moves
④ Try Traditional Solstice Rituals

해설

지문 처음에서 Redford 하지 축제에서 일 년 중 가장 긴 날을 기념하라고
하고, 지역 창작자들의 예술과 음악을 뽐내는 전 지역 사회 행사에 참석할
것을 권유하고 있으므로, '② 가장 긴 날에 창의성을 감상해 보세요'가 이 글
의 제목이다.

해석

① 나만의 도자기를 만들어 보세요
② 가장 긴 날에 창의성을 감상해 보세요
③ 춤 동작을 뽐내 보세요
④ 전통 하지 의식을 체험해 보세요

어휘

appreciate 감상하다 ritual 의식

---

11 독해 내용 불일치 파악 난이도 중 ●●○

Redford Summer Solstice Festival에 관한 윗글의 내용과 일
치하지 않는 것은?

① 하루 동안 진행된다.
② 13세 이상의 방문객은 입장료를 내야 한다.
③ 수공예품이 판매될 예정이다.
④ 행사 진행자에게는 이메일로 연락할 수 있다.

해설

지문 마지막에서 참여하는 데 관심이 있으면 행사 진행자인 John Benning
에게 전화하라고 했으므로, '④ 행사 진행자에게는 이메일로 연락할 수 있다'
는 것은 지문의 내용과 일치하지 않는다.

---

12 독해 주제 파악 난이도 중 ●●○

다음 글의 주제로 가장 적절한 것은?

> Social media sites allow people to share information and
> ideas, but they can become "echo chambers"—closed
> spaces in which ideas from those with similar stances
> are constantly repeated. When this happens, participants
> become convinced that their positions are absolute.
> With no opposition, or fact-checking, the homophily
> that occurs on these sites makes them fertile ground for
> misinformation. Unfortunately, if it takes place, it leads to
> not only a polarization of members but also radicalization
> that can result in dangerous outbursts. The US's January
> 6 Capitol insurrection in 2021 is a prime example of this.
> The attempted coup was largely organized through social
> media sites where people with fringe views gathered
> and planned to stop the transfer of power in one of the
> longest-standing democratic governments in the world.

* homophily: 동종 선호

① Finding Allies on Social Media
② Radicalization Versus Social Interaction
③ How to Plan Events Using Modern Web Pages
④ Dangers of Reinforced Beliefs Online

해설

지문 초반에서 소셜 미디어 사이트들은 폐쇄 공간인 '에코 체임버'가 될 수 있
다고 하고, 지문 중간에서 동종 선호는 사이트를 잘못된 정보를 위한 생산의
장으로 만들고 그것은 나아가 구성원들 간의 과격화로도 이어져 위험한 폭동
을 초래할 수 있다고 하며 대표적인 예로 미국 국회의사당 봉기를 들고 있다.
따라서 '④ 온라인상에서 강화된 믿음의 위험성'이 이 글의 주제이다.

해석

소셜 미디어 사이트들은 사람들이 정보와 생각을 공유할 수 있게 하지만, 그
것들은 비슷한 입장을 가진 사람들의 생각이 끊임없이 반복되는 폐쇄된 공
간인 '에코 체임버'가 될 수 있다. 이것이 발생하면, 참가자들은 그들의 입장
이 절대적이라고 확신하게 된다. 반대나 사실 확인 없이, 이 사이트들에서
일어나는 동종 선호는 그것들(사이트)을 잘못된 정보를 위한 생산의 장으로
만든다. 불행히도 그것이 일어나면, 그것은 구성원들 간의 양극화뿐만 아니
라 과격화로도 이어져 위험한 폭동을 초래할 수 있다. 2021년에 있었던 1월
6일 미국 국회 의사당 봉기가 이것의 대표적인 예이다. 그 쿠데타 시도는 주
로 비주류 관점을 가진 사람들이 모인 소셜 미디어 사이트들을 통해 계획되
었으며 세계에서 가장 오래된 민주주의 정부 중 하나로의 권력 이양을 저지
할 계획이었다.

① 소셜 미디어에서 동지 찾기
② 급진화 대 사회적 상호 작용
③ 최신 웹 페이지를 사용하여 이벤트를 계획하는 방법
④ 온라인상에서 강화된 믿음의 위험성

어휘

stance 입장, 태도 constantly 끊임없이, 거듭
convince 확신시키다, 납득시키다 position 입장, 처지 absolute 절대적인
polarization 양극화 radicalization 과격화, 급진화

outburst 폭동, (특정 활동의) 급격한 증가   the Capitol 미국 국회 의사당
insurrection 봉기, 반란   coup 쿠데타   fringe 비주류, 주변부
long-standing 오래된   ally 동지, 협력자   reinforce 강화하다

---

13 독해 내용 일치 파악   난이도 중 ●●○

Commission of Election Assistance에 관한 다음 글의 내용과 일치하는 것은?

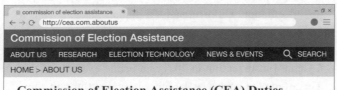

Commission of Election Assistance (CEA) Duties

The CEA was established in 2002 to facilitate the voting process for both local and national elections. As part of this mission, the CEA develops and ②distributes voting guidelines to election officials. These guidelines serve as the standard for election procedures and must be followed to ensure secure, efficient, and accessible practices for all eligible voters. The CEA is also ③responsible for evaluating voting technologies. A voting system can only be implemented once it has been certified by the CEA. In addition, the CEA ④oversees the national voter register, with updates to voter information—such as name or address changes—securely stored on the commission's servers.

① It assists both general and local elections.
② It sends its guidelines directly to voters.
③ It develops voting system technologies.
④ It approves or rejects changes to voting registration.

해설

지문 처음에서 CEA는 지방 선거와 전국 선거의 투표 절차를 용이하게 하기 위해 설립되었다고 했으므로, '① 총선과 지방 선거 모두 지원한다'는 것은 지문의 내용과 일치한다.

[오답 분석]
② 지문 처음에서 CEA는 투표 지침을 개발하고 선거 관리자들에게 배포한다고 했으므로, 유권자들에게 직접 지침을 보낸다는 것은 지문의 내용과 다르다.
③ 지문 중간에서 CEA는 투표 기술을 평가할 책임이 있다고는 했지만, 투표 시스템 기술을 개발하는지 알 수 없다.
④ 지문 마지막에서 CEA는 국가 유권자 명부를 감독하며 유권자 정보 업데이트는 위원회 서버에 저장된다고는 했지만, 투표 등록 변경을 승인하거나 거부하는지는 알 수 없다.

해석

선거지원위원회(CEA) 업무

CEA는 2002년에 지방 선거와 전국 선거의 투표 절차를 용이하게 하기 위해 설립되었습니다. 이 임무의 일환으로, CEA는 투표 지침을 개발하고 선거 관리자들에게 배포합니다. 이러한 지침은 선거 절차의 표준으로 사용되며 모든 적격 유권자에게 안전하고 효율적이며 접근하기 쉬운 관행을 보장하기 위해 반드시 따라야 합니다. CEA는 또한 투표 기술을 평가할 책임이 있습니다. 투표 시스템은 CEA의 인증을 받은 후에만 시행될 수 있습니다. 또한, CEA는 국가 유권자 명부를 감독하며, 이름이나 주소 변경과 같은 유권자 정보 업데이트는 위원회 서버에 안전하게 저장됩니다.

① 총선과 지방 선거 모두 지원한다.
② 유권자들에게 직접 지침을 보낸다.
③ 투표 시스템 기술을 개발한다.
④ 투표 등록 변경을 승인하거나 거부한다.

어휘

commission 위원회   election 선거   establish 설립하다
facilitate 용이하게 하다   eligible 적격의   evaluate 평가하다
implement 시행하다   certify 인증하다, 증명하다   oversee 감독하다
store 저장하다   directly 직접   approve 승인하다
reject 거부하다, 거절하다

---

14 독해 내용 불일치 파악   난이도 중 ●●○

다음 글의 내용과 일치하지 않는 것은?

①People with multiple children often marvel at how dissimilar they are despite being raised in the same environment. But, research indicates that there is a good explanation for this—birth order. Firstborn children tend to be more well-behaved and responsible, while those that come later are more undisciplined and self-centered. Australian psychiatrist Alfred Adler believes that firstborn children adhere to rules better and act as small versions of their parents in part due to ③the amount of attention they got from their parents during the portion of their infancy when they were the only child in the home. This also results in firstborn children being more willing to work within a system to achieve success. Later-born children, on the contrary, with their more indulgent childhoods, are generally more independent and attention-seeking after fighting for validation from their parents. However, they also have a propensity to be ④more free-thinking and creative than their firstborn siblings.

① 부모는 자녀들 간의 엄청난 **성격 차이에 놀랄 수 있다.**

✓② **먼저 태어난 아이는 외동으로 자라 온** 시간 때문에 **다루기 힘든 경우가 많다.**

③ 부모들은 보통 동생이 태어나기 전까지 **첫째 아이에게 많은 관심을 준다.**

④ 나중에 태어난 아이들은 첫째 아이보다 **상상력이 풍부할 가능성이 더 크다.**

해설

지문 중간에서 알프레드 아들러에 따르면 첫째 아이들은 규칙을 더 충실히 지키는데, 이는 일정 부분 그들이 가정에서 유일한 아이였을 때인 유아기의 일부 동안 부모로부터 많은 관심을 받았기 때문이라고 했으므로, '② 먼저 태어난 아이는 외동으로 자라 온 시간 때문에 다루기 힘든 경우가 많다'는 것은 지문의 내용과 일치하지 않는다.

해석

여러 자녀를 둔 사람들은 그들(자녀)이 같은 환경에서 자랐음에도 불구하고 얼마나 다른지에 종종 놀란다. 그러나 연구는 이것에 대한 좋은 설명을 보여주는데, 바로 출생 순서이다. 첫째 아이들은 더 예의 바르고 책임감 있는 경향이 있는 반면, 나중에 태어난 아이들은 더 자제심이 부족하고 이기적이다. 호주의 정신과 의사 알프레드 아들러는, 첫째 아이들이 규칙을 더 잘 충실히 지키고 부모의 축소판으로서 행동하는 것은 일정 부분 그들이 가정에서 유일한 아이였을 때인 유아기의 일부 동안 부모로부터 많은 관심을 받았기 때문이라고 믿는다. 이것은 또한 결과적으로 첫째 아이들이 성공을 거둘 수 있는 체제 내에서 더 기꺼이 일하게 한다. 반대로, 나중에 태어난 아이들은 더 관대한 어린 시절을 보냈으며, 일반적으로 부모로부터 인정을 받기 위해 싸우고 난 후 더 독립적이고 관심을 끌려고 하게 된다. 그러나, 그들은 또한 그들의 첫째 형제자매들보다 더 자유롭게 사고하고 창의적인 경향이 있다.

어휘

marvel 놀라다, 경탄하다   indicate 보여 주다, 나타내다
well-behaved 예의 바른   undisciplined 자제심이 부족한, 버릇없는
self-centered 이기적인, 자기중심의   psychiatrist 정신과 의사
adhere to ~을 충실히 지키다   infancy 유아기   indulgent 관대한, 너그러운
attention-seeking 관심을 끌려고 하는   validation 인정, 확인
propensity 경향, 성향   sibling 형제자매

---

15 독해 요지 파악   난이도 중 ●●○

다음 글의 요지로 가장 적절한 것은?

According to the *Zohar*, the foundational book of the mystical offshoot of Judaism known as Kabbalah, "Before He gave any shape to the world, before He produced any form, He was alone, without form and without resemblance to anything else." This refers to the sacred being *Ein Sof*, which literally means 'nothing' (Ein) and 'limitation' (Sof) and is more colloquially translated as 'unending' or 'infinite' to describe the entity we commonly refer to as God today before the creation of all that is known. The concept places the creator at a level so far apart from humanity that it is entirely incomprehensible in human terms. In fact, the infinite being is so removed from our mortal understanding that it can be considered nonexistent and cannot be given a name, as doing so would impose an impossible human confine on it.

① Judaism has split into competing sects over time.

✓② Ein Sof is the nearly incomprehensible God before creation.

③ The *Zohar* provides humans connections to infinite beings.

④ Kabbalah adherents better understand human limitations.

해설

지문 전반에 걸쳐 신성한 존재인 Ein Sof는 오늘날 우리가 흔히, 알려진 모든 것의 창조 이전의 신이라고 부르는 독립체를 묘사하며, 이 개념은 창조주를 인간으로부터 너무 멀리 떨어져 있어서 인간의 관점에서는 완전히 이해할 수 없는 단계에 둔다고 설명하고 있다. 따라서 '② Ein Sof는 창조 이전의 거의 이해할 수 없는 신이다'가 이 글의 요지이다.

해석

카발라(Kabbalah)로 알려진 유대교의 신비로운 분파에 대한 기초 서적인 「조하르」(Zohar)에 따르면, "그분이 세상에 어떤 형태를 주기 전에, 그분이 어떤 모습을 만들기 전에, 그분께서는 형태도 없고 다른 어떤 것과도 닮지 않은 채, 홀로 계셨다." 이는 신성한 존재인 'Ein Sof'를 말하는데, 이것은 문자 그대로 '없음'(Ein)과 '한계'(Sof)를 의미하며 오늘날 우리가 흔히, 알려진 모든 것의 창조 이전의 신이라고 부르는 독립체를 묘사하기 위해 통속적으로 '끝이 없는' 또는 '무한한'으로 번역된다. 이 개념은 창조주를 인간으로부터 너무 멀리 떨어져 있어서 인간의 관점에서는 완전히 이해할 수 없는 단계에 둔다. 사실, 그 무한한 존재는 우리의 죽음과 관련된 이해로부터 너무 동떨어져 있어서 실재하지 않는 것으로 여겨질 수 있고 이름이 부여되지 않을 수 있는데, 이는 그렇게 하는 것이 불가능한 인간의 한정을 그것에 두는 것이기 때문이다.

① 유대교는 시간이 지남에 따라 경쟁하는 종파로 분열되었다.

② Ein Sof는 창조 이전의 거의 이해할 수 없는 신이다.

③ 「조하르」(Zohar)는 인간에게 무한한 존재와의 연결을 제공한다.

④ 카발라(Kabbalah) 지지자들은 인간의 한계를 더 잘 이해한다.

어휘

어휘

foundational 기초적인 mystical 신비로운, 불가사의한 offshoot 분파
Judaism 유대교 form 모습, 형태 resemblance 닮음, 비슷함
sacred 신성한 literally 문자 그대로 colloquially 통속적으로
infinite 무한한 entity 독립체 far apart 멀리 떨어져서
entirely 완전히, 전부 incomprehensible 이해할 수 없는
removed 동떨어진 mortal 죽음과 관련된 nonexistent 실재하지 않는
impose 두다, 놓다 confine 한정 split into ~으로 분열되다
adherent 지지자

구문분석

[10행] The concept / places the creator at a level / so far apart
from humanity / that it is entirely incomprehensible in human
terms.
: 이 문장에서 부사절 접속사 so ~ that(너무 ~해서 −하다)은 'so 형용사/부사(far
apart) + that + 주어(it) + 동사(is)'의 형태로 쓰여, '너무 멀리 떨어져 있어서 인간
의 관점에서는 완전히 이해할 수 없다'라는 의미를 나타낸다.

16 독해 무관한 문장 삭제 난이도 중 ●●○

다음 글의 흐름상 어색한 문장은?

Meta-ethics is not concerned with differentiating between
right and wrong actions. Instead, it asks questions about
the very nature of ethics and the moral language that is
used to discuss it. ① What "morality" actually is, and
what we mean by "good" and "evil" are common topics
for philosophers studying meta-ethics. ② To get to the
bottom of these ethical questions, philosophers might
contemplate if objective moral values even exist or if
they are just the product of human conventions. ③ As
societies become more advanced, they begin to debate
the ethical importance of dictating moral requirements to
their members. ④ Likewise, they might focus on whether
statements like "Stealing is wrong" are factual or just a
moral opinion. Some even speculate that it is impossible
to obtain moral knowledge and that asking such questions
is therefore irrelevant.

해설

지문 처음에서 메타 윤리학은 윤리의 본질과 그것을 토론하는 데 사용되는 도
덕적 언어에 대해 질문한다고 언급한 뒤, ①번에서는 메타 윤리학을 연구하
는 철학자들의 공통 주제를, ②번에서는 이러한 윤리적 질문의 근본에 도달
하기 위한 철학자들의 생각을, ④번에서는 철학자들이 중점을 두는 주제와 진
술의 예시를 설명하고 있으므로 모두 첫 문장의 내용과 관련이 있다. 그러나
③번은 사회가 발전함에 따라 철학자들이 구성원들에게 도덕적 요구 사항을
지시하는 것의 윤리적 중요성에 대해 논쟁하기 시작한다는 내용으로, 행동의
옳고 그름을 구별하는 것과 무관한 메타 윤리학에 대한 내용과 관련이 없다.

해석

메타 윤리학은 옳고 그른 행동을 구별하는 것과 관련이 없다. 대신에, 그것
은 윤리의 본질과 그것을 토론하는 데 사용되는 도덕적 언어에 대해 질문한
다. ① '도덕'이 실제로 무엇인지, 그리고 '선'과 '악'을 통해 우리가 의미하는
것이 무엇인지는 메타 윤리학을 연구하는 철학자들의 공통 주제이다. ② 이
러한 윤리적 질문의 근본에 도달하기 위해, 철학자들은 객관적인 도덕 가치
가 정말 존재하는지 또는 그것이 단지 인간 관습의 산물인지를 생각할 수 있
다. ③ 사회가 더욱 발전함에 따라, 그들(철학자)은 구성원들에게 도덕적 요
구 사항을 지시하는 것의 윤리적 중요성에 대해 논쟁하기 시작한다. ④ 마찬
가지로, 그들은 '도둑질은 잘못된 것이다'와 같은 진술이 사실에 기반을 둔 것
인지 아니면 단지 도덕적 견해인지에 초점을 맞출 수 있다. 어떤 사람들은 심
지어 도덕적 지식을 얻는 것이 불가능하고 따라서 그러한 질문을 하는 것이
부적절하다고 생각한다.

어휘

ethics 윤리학, 윤리 differentiate 구별하다 morality 도덕
philosopher 철학자 bottom 근본, 기초, 토대
contemplate 생각하다, 고려하다 objective 객관적인
convention 관습, 관례 dictate 지시하다, 명령하다
factual 사실에 기반을 둔 speculate 생각하다, 추측하다
irrelevant 부적절한, 무의미한

17 독해 문장 삽입 난이도 하 ●○○

주어진 문장이 들어갈 위치로 가장 적절한 것은?

Overly involved supervision isn't only a bottom-line
problem, as it doesn't just reduce output.

What happens when managers are too involved in their
employees' work? In general, their micromanagement
negatively impacts the business. (①) It results in
inefficiency—having a manager directing every minute
detail slows down production. (②) It can cause
employees to have lower morale; they begin to feel that
their contributions are unappreciated by their bosses.
(③) Experts indicate that it also debases trust in the
workplace; this can bring on feelings of indignation and
disloyalty among employees. (④) In extreme cases,
employee turnover can escalate. Feeling taken for granted
and suspicious can ultimately force people to look for
new employers—leaving the micromanager constantly
searching for new employees who are never trained well
enough to fulfill their expectations or the company's needs.

해설

②번 앞 문장에서 관리자가 세부 사항까지 지시하는 것은 생산(production)
속도를 늦추는 비효율성을 초래한다고 설명하고 있고, ②번 뒤 문장에서 그
것(It)은 직원들의 사기를 저하시킬 수 있으며, 직원들은 자신의 기여가 상사
에게 인정받지 못한다고 느끼기 시작한다고 설명하고 있으므로, ②번 자리에
지나치게 관여하는 감독이 단지 손익 계산만을 따지는 문제가 아닌데, 이는

그것이 생산(output)만 감소시키는 것이 아니기 때문이라는 내용의 주어진 문장이 들어가야 지문이 자연스럽게 연결된다.

해석

관리자가 직원의 업무에 지나치게 관여하면 무슨 일이 일어날까? 일반적으로, 그들이 세부 사항까지 관리하는 것은 업무에 부정적으로 영향을 미친다. 그것은 비효율성을 초래하는데, 즉 관리자가 모든 세부 사항을 지시하게 하는 것은 생산 속도를 늦춘다. ② 지나치게 관여하는 감독은 단지 손익 계산만을 따지는 문제가 아닌데, 이는 그것이 생산만 감소시키는 것이 아니기 때문이다. 그것은 직원들의 사기를 저하시킬 수 있고, 그들(직원)은 자신의 기여가 상사에게 인정받지 못한다고 느끼기 시작한다. 전문가들은 그것이 또한 직장에 대한 신뢰를 떨어뜨리기도 한다고 지적하는데, 이는 직원들 사이에 분개와 불충의 감정을 불러일으킬 수 있다. 극단적인 경우, 직원 이직률이 증가될 수 있다. 진정한 가치가 경시되고 못 미더워하는 느낌이 드는 것은 사람들로 하여금 결국 새로운 고용주를 찾게 만들 수 있고, 이는 세부 사항까지 관리하는 관리자가 그들의 기대나 회사의 요구를 충족할 만큼 결코 충분히 잘 교육되지 못하는 신입 직원을 끊임없이 구하게 만든다.

어휘

involved 관여하는　supervision 감독, 관리
bottom-line 손익 계산만을 따지는　output 생산, 산출
micromanagement 세부 사항까지 관리하는 것　inefficiency 비효율성
direct 지시하다　detail 세부 사항　slow down (속도·진행을) 늦추다
morale 사기, 의욕　contribution 기여, 이바지
unappreciated 인정받지 못하는　debase 떨어뜨리다　indignation 분개
disloyalty 불충, 불성실　turnover (기업의 직원) 이직률　escalate 증가되다
take for granted (진정한 가치를) 경시하다　suspicious 못 미더워하는

18 　독해　문단 순서 배열　난이도 중 ●●○

주어진 글 다음에 이어질 글의 순서로 가장 적절한 것은?

> Some leaders draw followers through more than just their leadership abilities or accomplishments.

> (A) By doing so, the populace comes to view them as extraordinary, charismatic figures who embody all the most desirable characteristics.
> (B) Instead, they carefully control their public image through strategic messaging and media manipulation.
> (C) Over time, this elevation of a persona creates an almost religious devotion among followers. Seeing their leader as infallible, they often overlook any shortcomings or contradictory evidence, attributing all success to the leader's supposed brilliance.

① (A) – (C) – (B)　　　② (B) – (A) – (C) ✓
③ (B) – (C) – (A)　　　④ (C) – (A) – (B)

해설

주어진 문장에서 일부 지도자들은 리더십 능력이나 업적 이상의 것을 통해 추종자들을 끌어들인다고 하고, (B)에서 대신(Instead) 어떤 이상의 것들을 통해 추종자들을 끌어들이는지 설명하고 있다. 이어서 (A)에서 그렇게 함으로써(By doing so) 대중이 그들을 비범하고 카리스마 있는 인물로 여기게 된다는 결과를 알려 주고, (C)에서 시간이 지나면서(Over time) 이러한 격상(this elevation)은 추종자들의 맹목적 헌신을 만들어낸다고 설명하고 있다. 따라서 ②번이 정답이다.

해석

> 일부 지도자들은 리더십 능력이나 업적 이상의 것을 통해 추종자들을 끌어들인다.

(B) 대신, 그들은 전략적 메시지 전달과 미디어 조작을 통해 자신의 공적 이미지를 신중하게 조정한다.
(A) 그렇게 함으로써, 대중은 그들을 모든 가장 바람직한 특성을 지닌 비범하고 카리스마 있는 인물로 여기게 된다.
(C) 시간이 지나면서, 이러한 페르소나의 격상은 추종자들 사이에서 거의 종교적인 헌신을 만들어낸다. 그들은 지도자를 틀림없는 존재로 보고, 종종 결점이나 모순되는 증거를 간과하며, 모든 성공을 지도자의 추정되는 뛰어난 능력의 결과로 본다.

어휘

follower 추종자　accomplishment 업적, 성취　populace 대중
extraordinary 비범한　figure 인물　embody 구현하다, 포함하다
desirable 바람직한　manipulation 조작　elevation 격상
devotion 헌신　infallible 틀림없는　overlook 간과하다
shortcoming 결점, 단점　contradictory 모순되는　evidence 증거
attribute 결과로 보다

19 독해 빈칸 완성 - 단어   난이도 하 ●○○

밑줄 친 부분에 들어갈 말로 가장 적절한 것은?

> The number of people working from home has risen in recent years, causing a new office structure to evolve, the hybrid office, which provides businesses with the networking and physical facilities they need to retain their _____. While companies with physical premises have an advantage, since they can easily get their employees together and host clients, virtual offices give those with remote workers comparable options. Modern virtual office facilities are equipped with mail services, conference rooms, and meeting spaces that allow occupants to offer services equivalent to their rivals. These level the playing field between companies that do not have their own physical location and their more traditional counterparts.

① recognition
② allowances
③ limitations
④ competitiveness ✓

해설

빈칸 뒤 문장에서 가상 사무실은 원격 노동자가 있는 회사들에 (물리적 건물과 부지를 갖춘 회사들과) 비슷한 선택지를 준다고 했고, 우편 서비스, 회의실 및 모임 장소를 갖추고 있어 가상 사무실 사용자가 경쟁자와 동등한 서비스를 제공할 수 있게 한다고 했으므로, 빈칸에는 혼합형 사무실은 기업이 '④ 경쟁력'을 유지하는 데 필요한 네트워킹 및 물리적 기능을 제공한다는 내용이 들어가야 한다.

해석

최근 몇 년 동안 재택근무를 하는 사람들의 수가 증가해 왔고, 이는 혼합형 사무실이라는 새로운 사무실 구조가 생겨나게 했는데, 이것은 자신들의 경쟁력을 유지하기 위해 기업들이 필요로 하는 네트워킹 및 물리적 기능을 기업에게 제공한다. 물리적 건물과 부지를 갖춘 회사들은 직원들을 쉽게 모으고 고객들을 접대할 수 있기 때문에 이점을 가지는 반면, 가상 사무실은 원격 노동자가 있는 회사들에 비슷한 선택지를 준다. 현대 가상 사무실 기능은 우편 서비스, 회의실 및 모임 장소를 갖추고 있어, (가상 사무실) 사용자가 그들의 경쟁자와 동등한 서비스를 제공할 수 있게 한다. 이것은 물리적 장소를 갖고 있지 않은 회사들과 보다 전통적인 상대 회사들 간의 공평한 경쟁의 장을 만든다.

① 인식
② 허용
③ 한계
④ 경쟁력

어휘

evolve 생겨나다, 발달하다   hybrid 혼합형   facility (서비스 등의 특수) 기능
retain 유지하다, 보유하다   premises 건물과 부지   host 접대하다
virtual 가상의   remote 원격의   comparable 비슷한, 비교할 만한
be equipped with ~을 갖추고 있다   occupant 사용자, 입주자
equivalent 동등한   level the playing field 공평한 경쟁의 장을 만들다
counterpart 상대

20 독해 빈칸 완성 - 연결어   난이도 중 ●●○

밑줄 친 (A)와 (B)에 들어갈 말로 가장 적절한 것은?

> The Stoic philosophers of ancient Greece recognized that extreme positions are untenable and ultimately generate ill will in society, necessitating the need for a concept embraced by Aristotle, "the golden mean." This is a form of moderation in which options in the middle ground are preferred, as they generally satisfy the larger group better than extreme positions: when everyone gives a little, no one ends up resentful. ___(A)___, we should bear in mind, this does not simply mean opting for a 50-50 compromise. Selecting an alternative closer to one end of the spectrum, ___(B)___, may better serve the needs of the group members as a whole and engender greater fulfillment for all involved.

	(A)	(B)
①	Nonetheless	by chance
②	Therefore	in summary
③	Hence	for instance
④ ✓	However	in fact

해설

(A) 빈칸 앞 문장은 중용은 중간 입장에 있는 선택지가 선호되는 적당함의 한 형태라는 내용이고, 빈칸이 있는 문장은 우리는 이것이 단순히 50 대 50의 타협을 택하는 것을 의미하지 않음을 명심해야 한다는 내용이므로, (A)에는 대조를 나타내는 연결어인 However(그러나)가 들어가야 한다. (B) 빈칸 앞 문장은 중용이 단순히 50 대 50의 타협을 택하는 것을 의미하지 않는다는 내용이고, 빈칸이 있는 문장은 스펙트럼의 한쪽 끝에 더 가까운 대안을 선택하는 것이 무리 구성원의 필요에 더 많이 도움이 될 수 있고 관련된 모두에게 더 큰 성취감을 불러일으킬 수 있다는 내용으로 빈칸 앞에서 언급한 주장에 대해 강조하고 있으므로, (B)에는 강조를 나타내는 연결어인 in fact(실제로)가 들어가야 한다. 따라서 ④번이 정답이다.

해석

고대 그리스의 스토아학파 철학자들은 극단적인 입장은 옹호될 수 없고 궁극적으로 사회에 악의를 발생시키는 것임을 인식했으며, 아리스토텔레스에 의해 수용된 '중용'이라는 개념의 필요성을 필요하게 만들었다. 이것은 중간 입장에 있는 선택지가 선호되는 적당함의 한 형태인데, 이는 그것(선택지)들이 일반적으로 극단적인 입장보다 더 큰 무리를 더 잘 만족시키기 때문이며, 모두가 조금씩 양보하고, 결국 아무도 억울해하지 않게 되는 경우이다. (A) 그러나, 우리는 이것이 단순히 50 대 50의 타협을 택하는 것을 의미하지 않는다는 점을 명심해야 한다. 스펙트럼의 한쪽 끝에 더 가까운 대안을 선택하는 것이, (B) 실제로, 무리 구성원의 필요에 전체적으로 더 많이 도움이 될 수 있고 관련된 모두에게 더 큰 성취감을 불러일으킬 수 있다.

	(A)	(B)
①	그럼에도 불구하고	우연히
②	그러므로	요약하자면
③	따라서	예를 들어
④	그러나	실제로

어휘

Stoic 스토아학파의　philosopher 철학자　position 입장, 태도
untenable 옹호될 수 없는　generate 발생시키다　ill will 악의
necessitate 필요하게 만들다　embrace 수용하다　the golden mean 중용
moderation 적당함, 절제　give 양보하다, (생각을) 굽히다
resentful 억울해하는　bear in mind 명심하다　opt 택하다
compromise 타협　alternative 대안　serve 도움이 되다
engender (감정 등을) 불러일으키다　fulfillment 성취감

실전모의고사 분석 & 셀프 체크

제3회 난이도	상	제3회 합격선	14 / 20문제	권장 풀이시간	30분
체감 난이도		맞힌 개수	/ 20문제	실제 풀이시간	/ 30분

* 시험지 첫 페이지 QR 코드 스캔을 통해 좀 더 자세한 성적 분석 서비스 사용이 가능합니다.

정답

01	02	03	04	05	06	07	08	09	10
④	②	④	③	③	②	④	④	③	②
11	**12**	**13**	**14**	**15**	**16**	**17**	**18**	**19**	**20**
③	①	②	④	②	②	④	②	③	①

취약영역 분석표

영역	어휘	문법	생활영어	독해	TOTAL
맞힌 답의 개수	/ 2	/ 3	/ 2	/ 13	**/ 20**

---

01   어휘 uneven   난이도 중 ●●○

밑줄 친 부분에 들어갈 말로 가장 적절한 것을 고르시오.

Because microwave ovens cook by sending waves through items, any differences in size or shape can cause _____ temperatures in food.

① excessive 지나친 　　② subtle 미묘한

③ noticeable 뚜렷한 　　✔④ uneven 고르지 않은

해석

전자레인지는 물체를 통해 파동을 보내 조리하므로, 크기나 모양의 차이가 음식의 <u>고르지 않은</u> 온도를 야기할 수 있다.

어휘

microwave oven 전자레인지   wave 파동, 파장

이것도 알면 **합격!**

uneven(고르지 않은)의 유의어
= irregular, inconsistent, unbalanced

---

02   어휘 unstable   난이도 중 ●●○

밑줄 친 부분에 들어갈 말로 가장 적절한 것을 고르시오.

The giant rock in Arches National Park known as *Balanced Rock* was formed after millions of years of erosion left its position seemingly _____.

① aggressive 공격적인 　　✔② unstable 불안정한

③ obvious 분명한 　　④ disastrous 끔찍한

해석

'균형 잡힌 바위'로 알려진 아치스 국립공원의 거대한 바위는 수백만 년의 부식이 그것의 상태를 표면상으로 <u>불안정</u>하게 한 후에 만들어졌다.

어휘

erosion 부식, 침식   seemingly 표면상으로, 겉보기에는

이것도 알면 **합격!**

unstable(불안정한)의 유의어
= insecure, precarious, shaky

---

03 문법 시제　난이도 하 ●○○

밑줄 친 부분에 들어갈 말로 가장 적절한 것을 고르시오.

> I'll dedicate a lot of time to my hobbies when I _____ next year.

① will retire
② was retiring
③ will have retired
④ retire ✓

해설

④ **현재 시제** 빈칸은 부사절의 동사 자리이다. 시간을 나타내는 부사절(when ~ next year)에서는 미래를 나타내기 위해 미래 시제 대신 현재 시제를 사용하므로 현재 시제 ④ retire가 정답이다.

해석

나는 내년에 은퇴하면 내 취미에 많은 시간을 할애할 것이다.

어휘

dedicate (시간을) 바치다　retire 은퇴하다

이것도 알면 합격!

명사절로 쓰인 접속사절에서는 when이나 if가 쓰였더라도 미래 시제를 그대로 사용한다는 것을 알아 두자.

ex) I wonder if Saturday's event is pushing through.
(→ will push)
나는 토요일 행사가 강행될지 궁금하다.

② **재귀대명사** 동사(push)의 목적어가 지칭하는 대상이 절의 주어(athletes)와 동일하므로 동사 push의 목적어 자리에 재귀대명사 themselves가 올바르게 쓰였다.

④ **의문문의 어순** 의문문이 다른 문장 안에 포함된 간접 의문문은 '의문사 + 주어 + 동사'의 어순이 되어야 하므로 how 뒤에 athlete needs가 올바르게 쓰였다.

해석

지구력 스포츠에서는, 훈련에 더 많은 시간을 할애하는 선수가 시합에서 가장 좋은 성적을 거둘 것이라는 것이 널리 받아들여지고 있다. 그러나 데이터에 따르면 선수가 최대 효율점을 넘어 자신을 몰아붙일 때, 부상 위험이 높아지는 적은 성과를 가져올 수 있다. 개별 선수가 얼마나 많은 훈련이 필요한지 결정하는 것은 사례별로만 해결될 수 있다.

어휘

endurance 인내(력)　competition 시합, 경쟁　yield 산출량
diminish 줄다, 작아지다　injury 부상　determine 결정하다
resolve 해결하다

이것도 알면 합격!

result처럼 특정 전치사와 자주 쓰이는 자동사들을 알아 두자.

to	belong to ~에 속하다	object to ~에 반대하다
from	refrain from ~을 삼가다	suffer from ~으로 고통받다
of	approve of ~을 인정하다	consist of ~으로 이루어지다
for	account for ~을 설명하다	wait for ~을 기다리다
with	comply with ~을 따르다	deal with ~을 다루다

04 문법 동사의 종류　난이도 중 ●●○

밑줄 친 부분 중 어법상 옳지 않은 것을 고르시오.

> In endurance sports, it is widely accepted that athletes who spend more time ① training will perform the best in competition. However, data suggests that when athletes push ② themselves beyond the point of maximum yield, it may ③ result diminishing returns that pose an increased risk of injury. Determining how much training an individual ④ athlete needs can only be resolved on a case-by-case basis.
> (→ result in)

해설

③ **자동사** 동사 result는 전치사(in) 없이 목적어(diminishing returns)를 취할 수 없는 자동사이므로 result를 result in으로 고쳐야 한다.

[오답 분석]

① **동명사 관련 표현** 문맥상 '훈련에 더 많은 시간을 할애하다'라는 의미가 되어야 자연스러운데, '~하는 데 시간을 보내다'는 동명사 관련 표현 'spend + 시간 + (in) -ing'를 사용하여 나타낼 수 있으므로 동명사 training이 올바르게 쓰였다.

05 문법 분사　난이도 중 ●●○

밑줄 친 부분 중 어법상 옳지 않은 것을 고르시오.

> Livestock farming is one of the most negative factors ① responsible for pollution. It not only causes greenhouse gases but also environmental destruction ② to clear land upon which animals can be raised. ③ Comparing to automobiles, livestock that we breed for food produce much larger amounts of emissions. Because protecting the environment from unnecessary damage is ④ of major importance today, many suggest modifying our diets to a more environmentally friendly way of eating.
> (→ Compared)

해설

③ **분사구문의 형태** 주절의 주어 livestock과 분사구문이 '가축이 자동차와 비교되다'라는 의미의 수동 관계이므로 현재분사 Comparing을 과거분사 Compared로 고쳐야 한다.

[오답 분석]

① **형용사 자리** 문맥상 '책임이 있는 요인'이라는 의미가 되어야 자연스러우므로 명사 factors를 뒤에서 수식할 수 있는 형용사 responsible이 올바르게 쓰였다.

② **to 부정사의 역할** '개간하기 위한 파괴'라는 의미를 표현하기 위해 형용사처럼 명사(destruction)를 수식하는 to 부정사 to clear가 올바르게 쓰였다.

④ **보어 자리** be동사(is)는 주격 보어를 취하는 동사인데, 보어 자리에는 명사나 형용사 역할을 하는 것이 올 수 있으므로 형용사 역할을 하는 'of + 추상명사(importance)'의 of가 올바르게 쓰였다.

해석

목축은 오염에 책임이 있는 가장 부정적인 요인 중 하나이다. 그것은 온실가스를 발생시킬 뿐만 아니라 동물을 키울 수 있는 토지를 개간하기 위한 환경 파괴를 야기한다. 자동차와 비교했을 때, 우리가 식용으로 사육하는 가축은 훨씬 더 많은 양의 배출물을 만든다. 오늘날 불필요한 피해로부터 환경을 보호하는 것이 가장 중요하기 때문에, 많은 사람들은 우리의 식단을 더 환경친화적인 식사 방식으로 바꿀 것을 제안한다.

어휘

livestock 가축   clear 개간하다   breed 사육하다
emission 배출(물), 배기가스   modify 바꾸다, 변경하다   diet 식단
environmentally friendly 환경친화적인

이것도 알면 합격!

-able, -ible로 끝나는 형용사는 명사를 뒤에서 수식할 수 있으며, -where, -thing, -one, -body로 끝나는 명사는 항상 뒤에서 수식한다는 것을 알아 두자.

---

06   생활영어   How many people will each hold? 난이도 하 ●○○

밑줄 친 부분에 들어갈 말로 가장 적절한 것을 고르시오.

> A: You've reached the reservation department of Riverside Event Spaces. What can I do for you today?
>
> B: Hello. I want to reserve a space for a party tomorrow night.
>
> A: OK. We have two spaces available: The Magnolia Room and The Rose Suite.
>
> B: _____?
>
> A: The Magnolia Room is suitable for groups of 20 or fewer. The Rose Suite can accommodate up to 50.
>
> B: We'll have around 20. How much are they?
>
> A: $300 and $450 respectively.
>
> B: That's not a huge difference. I'll take the Rose Suite.

① Are taxes included in the cost
② How many people will each hold ✓
③ What amenities do they come with
④ Do you provide flower arrangements

해설

매그놀리아 룸과 로즈 스위트라는 두 개의 이용할 수 있는 파티 장소가 있다고 말하는 A에게 B가 묻고, 빈칸 뒤에서 다시 A가 The Magnolia Room is suitable for groups of 20 or fewer. The Rose Suite can accommodate up to 50(매그놀리아 룸은 20명 이하의 단체에 적합합니다. 로즈 스위트는 최대 50명까지 수용할 수 있습니다)라고 대답하고 있으므로, 빈칸에는 '② 각각 몇 명을 수용할 수 있나요(How many people will each hold)'가 오는 것이 자연스럽다.

해석

> A: Riverside Event Spaces의 예약 부서입니다. 오늘 무엇을 도와드릴까요?
>
> B: 안녕하세요. 저는 내일 밤 파티를 위한 장소를 예약하고 싶어요.
>
> A: 알겠습니다. 매그놀리아 룸과 로즈 스위트라는 두 개의 이용하실 수 있는 장소가 있습니다.
>
> B: 각각 몇 명을 수용할 수 있나요?
>
> A: 매그놀리아 룸은 20명 이하의 단체에 적합합니다. 로즈 스위트는 최대 50명까지 수용할 수 있습니다.
>
> B: 저희는 20명 정도 될 거예요. 그것들은 얼마인가요?
>
> A: 각각 300달러와 450달러입니다.
>
> B: 큰 차이가 없네요. 로즈 스위트로 할게요.

① 비용에 세금이 포함되어 있나요
② 각각 몇 명을 수용할 수 있나요
③ 어떤 편의 시설이 제공되나요
④ 꽃장식을 제공하나요

어휘

suitable 적합한, 적절한   accommodate 수용하다, 공간을 제공하다
respectively 각각   amenities 편의 시설

이것도 알면 합격!

예약할 때 사용할 수 있는 표현을 알아 두자.

- I'd like to reserve a table.
  테이블을 예약하고 싶습니다.
- Do you have a table by the window?
  창문 옆 테이블이 있나요?
- Do I need to pay a deposit?
  보증금을 내야 할까요?
- Can I use my club member's card for discount?
  할인을 위해 클럽 회원 카드를 사용할 수 있나요?

07 생활영어 Can you give me the ticket number?

난이도 하 ●○○

밑줄 친 부분에 들어갈 말로 가장 적절한 것을 고르시오.

Claire Smith
Hello. I received a parking ticket this morning. But I don't know how to pay it.
2:40 p.m.

Sam Baxter
Hi. You have a few options. You can pay it online by credit card, send in a check by mail, or stop by the parking enforcement office in person if you want to pay cash.
2:41 p.m.

Claire Smith
I think online is easiest. How long do I have to make the payment?
2:43 p.m.

Sam Baxter

2:44 p.m.

Claire Smith
Sure. It's 281714.
2:45 p.m.

Sam Baxter

It looks like you have 14 days to pay before any late fees apply.
2:47 p.m.

① Where did you get the ticket?
② Did you check the parking rules?
③ What is your credit card number?
④ Can you give me the ticket number?

해설

Claire가 주차 딱지를 언제까지 결제해야 하는지 묻자 Sam이 답하고, 빈칸 뒤에서 다시 Claire가 It's 281714(281714입니다)라고 대답하고 있으므로, 빈칸에는 '④ 딱지 번호를 알려 주시겠어요?(Can you give me the ticket number?)'가 오는 것이 자연스럽다.

해석

Claire Smith: 안녕하세요. 오늘 아침에 주차 딱지를 받았는데요. 결제 방법을 모르겠어요.
Sam Baxter: 안녕하세요. 몇 가지 방법이 있습니다. 신용카드로 온라인에서 결제하시거나, 우편으로 수표를 보내시거나, 현금으로 결제하고 싶으시면 주차 단속 사무소에 직접 들르실 수 있습니다.
Claire Smith: 온라인이 가장 쉬운 것 같아요. 언제까지 결제해야 하나요?
Sam Baxter: 딱지 번호를 알려 주시겠어요?
Claire Smith: 네. 281714입니다.

Sam Baxter: 연체료가 적용되기 전까지 결제 기한 14일이 남은 것 같습니다.

① 딱지는 어디에서 받으셨나요?
② 주차 규정을 확인하셨나요?
③ 신용카드 번호가 어떻게 되나요?
④ 딱지 번호를 알려 주시겠어요?

어휘

check 수표   stop by ~에 잠시 들르다   in person 직접   late fee 연체료

이것도 알면 합격!

결제 방법을 안내하거나 선택할 때 사용할 수 있는 표현을 알아 두자.

· You can pay by credit card, check, or cash.
  신용카드, 수표, 또는 현금으로 결제하실 수 있습니다.
· We accept online payments through our website.
  저희는 웹사이트를 통해 온라인 결제를 받습니다.
· We also offer the option to pay in installments.
  저희는 할부 결제 옵션도 제공합니다.
· I'll pay by credit card.
  신용카드로 결제할게요.
· I prefer to pay in cash.
  현금으로 결제하는 게 더 좋아요.

08~09 다음 글을 읽고 물음에 답하시오.

Central Health Stop

What Is Central Health Stop?
Central Health Stop (CHS) is ⁰⁸⁻①a portal providing access to health care data from around the world in one convenient location. It is ⁰⁸⁻②a gateway for those conducting research and for policymakers who need reliable information about health care systems and their impact on the public.

Who Are We?
CHS was ⁰⁸⁻③collaboratively developed by two teams at the World Health Institute and the National Research Organization. These groups consisted of medical experts and academic researchers who had difficulty finding ⁰⁹objective health data.

How Is Data Organized?
All information is provided in machine-readable formats. This allows it to be easily searched. Further, ⁰⁸all data is tagged with location, age, gender, ethnicity, and disease/condition markers, permitting quick searches for specific types of information that can be easily compared.

해석

중앙 보건소

중앙 보건소란 무엇인가?
중앙 보건소(CHS)는 전 세계의 의료 데이터를 편리하게 한곳에서 이용할 수 있게 제공하는 포털입니다. 그것(포털)은 연구를 수행하는 사람들과 의료 시스템 및 그들이 대중에게 미치는 영향에 관한 신뢰할 수 있는 정보가 필요한 정책 입안자들을 위한 수단입니다.

우리는 누구인가?
CHS는 세계보건연구소와 국립연구기구의 두 팀이 공동 개발했습니다. 이들 팀은 객관적인 의료 데이터를 찾는 데 어려움을 겪은 의료 전문가들과 학계 연구자들로 구성되었습니다.

데이터는 어떻게 구성되는가?
모든 정보는 기계에서 읽을 수 있는 형식으로 제공됩니다. 이를 통해 쉽게 검색할 수 있습니다. 또한, 모든 데이터에는 위치, 나이, 성별, 인종, 질병/상태 마커가 태그되어 있어, 쉽게 비교할 수 있는 특정 유형의 정보를 빠르게 검색할 수 있습니다.

어휘

convenient 편리한 gateway 수단, 관문 policymaker 정책 입안자
reliable 신뢰할 수 있는 consist of ~으로 구성되다 expert 전문가
objective 객관적인 ethnicity 민족성 disease 질병 compare 비교하다

08 독해 내용 일치 파악 난이도 중 ●●○

윗글에서 Central Health Stop에 관한 내용과 일치하는 것은?
① It provides access to health care services from anywhere.
② It was intended to be used by the general public.
③ It was created by two medical researchers.
✓④ It labels data to allow it to be found and evaluated.

해설

지문 마지막에서 모든 데이터에는 위치, 나이, 성별, 인종, 질병/상태 마커가 태그되어 있어 쉽게 비교할 수 있는 특정 유형의 정보를 빠르게 검색할 수 있다고 했으므로, '④ 데이터를 찾고 평가할 수 있도록 라벨을 붙인다'는 것은 지문의 내용과 일치한다.

[오답 분석]
① 지문 처음에서 중앙 보건소(CHS)는 전 세계의 의료 데이터를 편리하게 한곳에서 이용할 수 있게 제공하는 포털이라고는 했지만, 어디서나 의료 서비스를 이용할 수 있게 제공하는지는 알 수 없다.
② 지문 처음에서 포털은 연구를 수행하는 사람들과 의료 시스템 및 그들이 대중에게 미치는 영향에 관한 신뢰할 수 있는 정보가 필요한 정책 입안자들을 위한 것이라고 했으므로, 일반 대중이 사용하도록 의도되었다는 것은 지문의 내용과 다르다.
③ 지문 중간에서 CHS는 세계보건연구소와 국립연구기구의 두 팀이 공동 개발했다고 했으므로, 두 명의 의학 연구자에 의해 만들어졌다는 것은 지문의 내용과 다르다.

해석
① 어디서나 의료 서비스를 이용할 수 있게 제공한다.
② 일반 대중이 사용하도록 의도되었다.
③ 두 명의 의학 연구자에 의해 만들어졌다.
④ 데이터를 찾고 평가할 수 있도록 라벨을 붙인다.

어휘
intend 의도하다 evaluate 평가하다

09 독해 유의어 파악 난이도 중 ●●○

밑줄 친 objective의 의미와 가장 가까운 것은?
① current 현재의   ② targeted 목표가 된
✓③ unbiased 편파적이지 않은   ④ physical 물질의

해설

밑줄 친 부분이 포함된 문장에서 objective는 팀은 '객관적인' 의료 데이터를 찾는 데 어려움을 겪은 의료 전문가들과 학계 연구자들로 구성되었다는 의미로 쓰였으므로, '편파적이지 않은'이라는 의미의 ③ unbiased가 정답이다.

10~11 다음 글을 읽고 물음에 답하시오.

(A)

Help keep our community a place of giving by saving the Meals on Wheels program.

Due to a shortage of volunteers, [11-①]the Meals on Wheels program is struggling to deliver hot meals to the elderly and those with mobility issues.

[10]We need your help to save this important service. The Meals on Wheels team is organizing a volunteer drive, and we encourage you to attend and bring friends, family, and neighbors. Together, we can develop a plan to keep this program running.

Let's make sure Meals on Wheels never stops serving those in need.

[11-②]Organized by the Clarktown Chapter of Meals on Wheels

* **Location**: Clarktown High School Auditorium
* **Date**: Tuesday, March 14, 2025
* **Time**: [11]7:00 p.m. (expected to last one hour)

[11-④]To learn more about Meals on Wheels and volunteer duties, please visit the FAQ page on our website at www. mealsonwheels/clarktown.com.

해석

(A) **자원봉사자 프로그램에 필요한 지원**

Meals on Wheels 프로그램을 지킴으로써 우리 지역 사회가 나눔의 장소로 유지되도록 도와주세요.

자원봉사자 부족으로 인해, Meals on Wheels 프로그램은 노인들과 거동이 불편한 사람들에게 따뜻한 식사를 전하는 데 어려움을 겪고 있습니다.

저희는 이 중요한 서비스를 지키기 위해 여러분의 도움이 필요합니다. Meals on Wheels 팀에서 자원봉사자 캠페인을 조직하고 있으며, 참석하시고 친구, 가족, 이웃을 모시고 오시길 권장합니다. 함께 이 프로그램을 계속 운영할 수 있는 계획을 세울 수 있습니다.

Meals on Wheels가 도움이 필요한 사람들에게 절대로 서비스를 중단하지 않도록 합시다.

Meals on Wheels의 Clarktown 지부에서 주최합니다
* **장소**: Clarktown 고등학교 강당

* **날짜**: 2025년 3월 14일 화요일
* **시간**: 오후 7시 (1시간 소요 예정)

Meals on Wheels와 자원봉사자의 임무에 관해 더 알고 싶다면, 저희 웹사이트 www.mealsonheels/clarktown.com의 FAQ 페이지를 방문해 주세요.

어휘

shortage 부족 **volunteer** 자원봉사자 **mobility** 이동성, 기동성 **organize** 조직하다 **drive** (조직적인) 운동 **chapter** (협회 등의) 지부 **auditorium** 강당 **duty** 업무, 임무

---

10 독해 제목 파악 난이도 하 ●○○

(A)에 들어갈 윗글의 제목으로 가장 적절한 것은?

① Appreciation for Local Volunteers
✓② Support Needed for Volunteer Program
③ Impact of Volunteer Programs in Clarktown
④ Celebrating a Variety of Volunteer Opportunities

해설

지문 중간에서 Meals on Wheels 프로그램을 지키기 위해 도움이 필요하다고 하고 Meals on Wheels 팀에서 자원봉사자 캠페인을 조직하고 있으니 참석하라고 권유하고 있으므로, '② 자원봉사자 프로그램에 필요한 지원'이 이 글의 제목이다.

해석

① 지역 자원봉사자들에 대한 감사
② 자원봉사자 프로그램에 필요한 지원
③ Clarktown 자원봉사자 프로그램의 영향
④ 다양한 자원봉사자 기회 기념하기

어휘

appreciation 감사 **impact** 영향

---

11 독해 내용 불일치 파악 난이도 중 ●●○

위 안내문의 내용과 일치하지 않는 것은?

① 자원봉사 프로그램은 도움이 필요한 이들에게 음식을 제공한다.
② 특정 지부에서 캠페인을 주최한다.
✓③ 자원봉사자 캠페인은 오후 9시에 끝날 예정이다.
④ 웹페이지에서 자원봉사자의 임무에 관한 정보를 확인할 수 있다.

해설

지문 마지막 부분에서 자원봉사자 캠페인은 오후 7시에 시작되며 1시간 소요 예정이라고 했으므로, '③ 자원봉사자 캠페인은 오후 9시에 끝날 예정이다'라는 것은 지문의 내용과 일치하지 않는다.

12 독해 목적 파악   난이도 하 ●○○

다음 글의 목적으로 가장 적절한 것은?

To	subscribers@streaminglyplus.com
From	accounts@streaminglyplus.com
Date	April 6
Subject	Upcoming changes

B I U ¶ ✎ A T ⊖ ⊡ ◆ ☰ ☰ ☰ ↺ ↻ </>

Dear Valued Subscriber,

Thank you for your continued support of Streamingly Plus. In order to continue providing you with the high-quality content you've come to expect, we're making changes to our account-sharing policy, which will come into effect on May 1. Here's what you need to know:

1. Each account should only be used by members of one household.
2. Streaming is limited to four devices at the same time, per account.
3. Users can transfer existing profiles to new accounts without losing their watch lists or personal recommendations.
4. Accounts will be monitored for compliance, and violations may result in restricted access or additional charges.

If you have any questions, please visit our Help Center.

Sincerely,
Streamingly Plus

① to provide details on a revised policy
② to promote the release of new content
③ to request charges for account sharing
④ to notify subscribers of site maintenance

해설

지문 처음에서 고품질 콘텐츠를 계속 제공하기 위해 계정 공유 정책을 변경할 것임을 알리고, 지문 중간에서 알아야 할 변경 사항을 설명하고 있으므로, '① 수정된 정책에 관한 세부 정보를 제공하려고'가 이 글의 목적이다.

해석

받는 사람: subscribers@streaminglyplus.com
보낸 사람: accounts@streaminglyplus.com
날짜: 4월 6일
제목: 다가오는 변경 사항
소중한 구독자 여러분께,

Streamingly Plus에 대한 지속적인 지원에 감사드립니다. 구독자 여러분께서 기대하시는 고품질 콘텐츠를 계속 제공하기 위해, 저희는 계정 공유 정책을 변경할 것이며, 이는 5월 1일부터 시행됩니다. 알아야 할 사항은 다음과 같습니다:

---

1. 각 계정은 한 가구의 구성원만 사용해야 합니다.
2. 스트리밍은 계정당 동시에 네 대의 장치로 제한됩니다.
3. 사용자는 시청 목록이나 개인 추천을 잃지 않고 기존 프로필을 새 계정으로 이전할 수 있습니다.
4. 계정 준수 여부가 모니터링될 것이며, 위반 시 접근이 제한되거나 추가 요금이 부과될 수 있습니다.

궁금한 점이 있으시면, 도움 센터를 방문해 주세요.

진심으로,
Streamingly Plus

① 수정된 정책에 관한 세부 정보를 제공하려고
② 새로운 콘텐츠 출시를 홍보하려고
③ 계정 공유에 관한 요금을 요청하려고
④ 구독자에게 사이트 유지보수에 관해 알리려고

어휘

come into effect 시행되다   household 가구, 가정   transfer 이전하다
recommendation 추천   compliance 준수   violation 위반
restricted 제한된   release 출시

13 독해 주제 파악   난이도 하 ●○○

다음 글의 주제로 가장 적절한 것은?

Office workers traditionally had to commute to a physical workplace. Recently, however, more companies are seeking workers who can work remotely, as this requires less office space. The increasing demand for these types of staff has given rise to a new form of worker who is location independent, remotely connected, and free to wander the world—digital nomads. Experts say that the trend is likely to persist, as people embrace the freedom afforded by the digital nomad lifestyle. In fact, in the US, their numbers rose by 50 percent in one year, and they soon might represent one-third of the total workforce. Who knows where the trend will end?

① methods for improving your commute
② shifts in the workplace organization
③ requirements of workplace digitalization
④ benefits of location independence in work

해설

지문 전반에 걸쳐 최근 새로운 형태의 노동자인 디지털 노마드가 생겨나고 있으며, 실제로 미국에서는 그들의 수가 1년 만에 50퍼센트나 증가했으며 곧 전체 노동력의 3분의 1을 차지하게 될 것이라고 설명하고 있다. 따라서 '② 근무지 구조의 변화'가 이 글의 주제이다.

해석

사무실 근로자는 전통적으로 실제 근무지로 통근해야 했다. 그러나 최근에는, 더 많은 회사들이 원격으로 일할 수 있는 직원들을 찾고 있는데, 이것이

더 적은 사무실 공간을 필요로 하기 때문이다. 이러한 유형의 직원에 대한 늘어나는 수요는 장소에 구애받지 않고, 원격으로 연결되며, 세계를 자유롭게 돌아다닐 수 있는 새로운 형태의 노동자인 디지털 노마드들이 생겨나게 해왔다. 전문가들은 추세가 지속될 가능성이 있다고 말하는데, 이는 사람들이 디지털 노마드 생활 방식에 의해 제공되는 자유를 받아들이기 때문이다. 실제로, 미국에서는, 그들(디지털 노마드)의 수가 1년 만에 50퍼센트나 증가했으며, 곧 전체 노동력의 3분의 1을 차지하게 될 것이다. 추세의 끝이 어디일지 누가 알겠는가?

① 당신의 출퇴근길을 개선하는 방법
② 근무지 구조의 변화
③ 근무지 디지털화의 요건
④ 일할 때 위치 독립성의 이점

어휘

commute 출퇴근길; 통근하다 seek 찾다, 구하다 remotely 원격으로
wander 돌아다니다 persist 지속되다 embrace 받아들이다
afford 제공하다 represent 차지하다, 해당하다 digitalization 디지털화

---

14 독해 내용 불일치 파악 난이도 중 ●●○

다음 글의 내용과 일치하지 않는 것은?

> The island "paradise" of Bali is overrun by tourism. Due to its natural beauty and welcoming culture, Bali attracts throngs of tourists every year. ①The number of tourists visiting the island more than tripled from 2.1 million in 2022 to 7 million in 2024. Unfortunately, ②the small island cannot accommodate so many newcomers, which has brought about overcrowding and environmental degradation. ③Groundwater extraction for the tourism industry has dried up half of Bali's rivers. And the refuse generated by holiday-makers is polluting the other half, with trash and plastic bottles flowing down the island's meandering streams towards the sea where they eventually litter the once-pristine beaches. Yet officials still have not soured on tourism because the economy is dependent on it. So if you're looking for that idyllic tropical island wonderland, keep looking. You've missed it by at least a decade.

① 발리에는 2022년에 비해 2024년에 세 배 이상 많은 관광객이 방문했다.
② 발리는 그곳을 찾는 많은 방문객들을 수용할 만한 공간이 충분하지 않다.
③ 발리의 관광 개발을 위한 지하수 제거로 인해 강의 절반이 사라졌다.
④ 발리의 공무원들은 관광 산업의 경제적 중요성에도 불구하고 이를 막고 있다.

해설

지문 마지막에서 공무원들은 경제가 관광업에 의존하고 있기 때문에 여전히 그것에 대한 열의를 잃지 않고 있다고 했으므로, '④ 발리의 공무원들은 관광 산업의 경제적 중요성에도 불구하고 이를 막고 있다'는 것은 지문의 내용과 일치하지 않는다.

해석

발리라는 천국의 섬은 관광으로 들끓는다. 자연의 아름다움과 따뜻이 맞이하는 문화로 인해, 발리는 매년 수많은 관광객을 끌어들인다. 그 섬을 찾는 관광객의 수는 2022년 210만 명에서 2024년 700만 명으로 세 배 이상 증가했다. 불행히도, 이 작은 섬은 너무 많은 새로 온 사람들을 수용하지 못하고, 이것은 과밀화와 환경 오염을 초래했다. 관광 산업을 위한 지하수 추출은 발리 강의 절반을 다 말라붙게 했다. 그리고 휴가를 즐기는 사람들이 만들어 낸 쓰레기가 나머지 절반을 오염시키고 있으며, 쓰레기와 플라스틱병이 섬의 구불구불한 시내를 따라 바다를 향해 흘러 들어가 결국 한때 아주 깨끗했던 해변을 더럽힌다. 그러나 공무원들은 경제가 그것(관광업)에 의존하고 있기 때문에 여전히 관광업에 대한 열의를 잃지 않고 있다. 따라서 만약 당신이 그 목가적인 열대 지방의 섬 동화의 나라를 찾고 있다면, 계속 찾으라. 당신은 적어도 십 년 동안 그것을 놓쳤다.

어휘

overrun 들끓다, 가득 차다 throngs of 수많은 degradation 오염, 악화
groundwater 지하수 extraction 추출 flow down 흘러 들어가다
meandering 구불구불한 litter 더럽히다 pristine 아주 깨끗한
sour on ~에 열의를 잃다 idyllic 목가적인, 전원적인 tropical 열대 지방의
wonderland 동화의 나라

---

15 독해 요지 파악 난이도 중 ●●○

다음 글의 요지로 가장 적절한 것은?

> **Career Advancement**
> Helping young professionals develop their careers is the number one goal of the Young Professionals Institute (YPI). Career guidance and ongoing training provide the stepping stones needed to reach one's full potential in the workplace.
>
> **Industry-Expert Mentorship**
> The Industry-Expert Mentorship (IEM) program is a YPI initiative that connects those just starting out in their job field with established players to give advice and provide one-on-one coaching about how to develop a career path and best advance in a particular industry.
>
> YPI works with professionals from a variety of popular job sectors who support IEM goals and want to help young workers.

① YPI supports young workers in providing new information to senior professionals.

②✓ YPI centers its work on assisting new workers in building a career.

③ YPI is committed to helping entry-level workers explore various career fields.

④ YPI aims to help young people learn to prepare better job applications.

해설

'경력 발달'에서 젊은 전문가들이 자신의 경력을 개발할 수 있도록 돕는 것이 청년 전문가 협회(YPI)의 최우선 목표라고 하고, '산업-전문가 멘토링'에서 직업 분야에서 막 시작한 사람들에게 진로를 개발하고 최고의 발전을 이루는 방법에 관한 조언을 주고 코칭을 제공하는 멘토링 프로그램을 설명하고 있다. 따라서 '② YPI는 신입 근로자들이 경력을 쌓을 수 있도록 돕는 데 중점을 둔다'가 이 글의 요지이다.

해석

> **경력 발달**
> 젊은 전문가들이 자신의 경력을 개발할 수 있도록 돕는 것이 청년 전문가 협회(YPI)의 최우선 목표입니다. 경력 지도와 지속적인 교육은 직장에서 잠재력을 최대한 발휘하는 데 필요한 디딤돌을 제공합니다.
>
> **산업-전문가 멘토링**
> 산업-전문가 멘토링(IEM) 프로그램은 직업 분야에서 막 시작한 사람들과 확실히 자리를 잡은 전문가들을 연결하여 특정 산업에서 진로를 개발하고 최고의 발전을 이루는 방법에 관한 조언을 주고 일대일 코칭을 제공하는 YPI 계획입니다.
>
> YPI는 산업-전문가 멘토링 목표를 지지하고 젊은 근로자들을 돕고자 하는 다양한 인기 직업 분야의 전문가들과 협력합니다.

① YPI는 젊은 근로자들이 선배 전문가들에게 새로운 정보를 제공할 수 있도록 지원한다.

② YPI는 신입 근로자들이 경력을 쌓을 수 있도록 돕는 데 중점을 둔다.

③ YPI는 입문 근로자들이 다양한 직업 분야를 탐색할 수 있도록 돕는 데 전념한다.

④ YPI는 젊은 사람들이 더 나은 취업 지원서를 준비하는 법을 배울 수 있도록 돕는 것을 목표로 한다.

어휘

advancement 발달 professional 전문가 guidance 지도
ongoing 지속적인 potential 잠재력 initiative 계획 connect 연결하다
established 확실히 자리를 잡은 senior 선배의, 선임의
commit 전념하다, 헌신하다

---

16 독해 무관한 문장 삭제   난이도 중 ●●○

다음 글의 흐름상 어색한 문장은?

Classical conditioning is often linked with Ivan Pavlov, who used a bell and meat powder to condition dogs. The meat powder served as an unconditioned stimulus (UCS) because it made the dogs salivate. ① The bell, conversely, was a neutral stimulus (NS), and the combination of ringing the bell and offering meat powder to the dogs engendered an association. ② Dogs naturally correlate various stimuli in their environment. ③ Over time, they began to slobber at hearing the bell even without the UCS; thus, the NS became a conditioned stimulus (CS). ④ The experiment substantiated that conditioning produces powerful impulses. After a CS is established, the response to the stimulus becomes impossible to override in the short term.

해설

지문 첫 문장에서 고전적 조건화는 이반 파블로프와 연결되는데, 그는 개를 길들이기 위해 종과 고깃가루를 사용했고 고깃가루는 무조건 자극이라고 한 뒤, ①번에서 중성 자극(NS)인 종과 무조건 자극(UCS)인 고깃가루의 조합을 설명하고, ③번에서 시간이 지남에 따라 중성 자극이 조건 자극(CS)이 되었으며, ④번에서 이 실험이 조건화가 강한 자극을 일으킨다는 것을 입증했다고 하며 고전적 조건화 실험을 설명하고 있다. 그러나 ②번은 개들이 자연적으로 환경에 있는 다양한 자극들을 상호 연관시킨다는 내용으로, 고전적 조건화 실험에 관한 내용과 관련이 없다.

해석

고전적 조건화는 종종 이반 파블로프와 연결되는데, 그는 개들을 길들이기 위해 종과 고깃가루를 사용했다. 고깃가루는 개가 침을 흘리게 했기 때문에, 무조건 자극(UCS)으로 제공되었다. ① 반대로, 종은 중성 자극(NS)이었고, 종을 울리는 것과 개들에게 고깃가루를 제공하는 것의 조합은 연상을 낳았다. ② 개들은 자연적으로 그들의 환경에 있는 다양한 자극들을 상호 연관시킨다. ③ 시간이 지남에 따라, 그들은 무조건 자극 없이도 종소리를 듣고 침을 흘리기 시작했으며, 따라서 중성 자극은 조건 자극(CS)이 되었다. ④ 실험은 조건화가 강한 자극을 일으킨다는 것을 입증했다. 조건 자극이 설정된 후, 자극에 대한 반응은 단기간에 뒤엎을 수 없게 된다.

어휘

classical conditioning 고전적 조건화
condition (특정 조건에 반응을 보이거나 익숙해지도록) 길들이다
stimulus 자극 salivate 침을 흘리다 neutral 중성의
engender 낳다, 불러일으키다 association 연상, 연관성
correlate 상호 연관시키다 slobber 침을 흘리다 substantiate 입증하다
impulse 자극 override 뒤엎다, 무시하다

17　독해 문장 삽입　난이도 중 ●●○

주어진 문장이 들어갈 위치로 가장 적절한 것은?

It was this second version that became the inspiration for the convenient plastic shopping bag that millions of people around the world make use of.

In the 1960s, Sten Gustaf Thulin, a Swedish engineer working for the company Celloplast was experimenting with ways to utilize plastic tubing in packaging applications. (①) He believed that plastic tubes, if laid flat and sealed at regular intervals on the bottom and left open on the top, could be used to create bags in which items could be placed. (②) In 1962, he fully realized his idea and devised a prototype of the early plastic bag. (③) But a few months later, he envisioned that if two holes were cut out on either side of the top of the tube, they could be used as handles for easier carrying. (④) Ironically, Thulin viewed it as an eco-friendly and longer-lasting alternative to paper bags, though the invention is widely regarded as an environmental nuisance today.

해설

④번 앞부분에서 스웨덴인 엔지니어 툴린이 포장재 사용에 플라스틱 배관을 활용하는 방법을 실험하며 이를 통해 물건을 넣을 수 있는 가방을 만들 수 있다고 믿었고, 초기 비닐봉지의 원형 고안 후 관 상단의 한쪽에 구멍 두 개를 잘라내면 더 쉬운 운반을 위한 손잡이로 사용될 수 있을 것으로 상상했다고 설명하고 있으므로, ④번 자리에 그것이 바로 전 세계 수백만 명의 사람들이 사용하는 편리한 비닐 쇼핑백(the convenient plastic shopping bag)의 영감이 된 두 번째 버전이라는 내용의 주어진 문장이 들어가야 지문이 자연스럽게 연결된다.

해석

1960년대에, Celloplast 회사에서 일하던 스웨덴인 엔지니어 스텐 구스타프 툴린은 포장재 사용에 플라스틱 배관을 활용하는 방법을 실험하고 있었다. 그는 플라스틱 관을 평평하게 놓고 일정한 간격으로 바닥을 밀봉하고 위쪽을 열어 두면, 물건을 넣을 수 있는 가방을 만드는 데 사용할 수 있다고 믿었다. 1962년에, 그는 자신의 생각을 완전히 실현했고 초기 비닐봉지의 원형을 고안했다. 그러나 몇 달 후, 그는 관 상단의 어느 한쪽에 구멍 두 개를 잘라내면, 그것(구멍)들이 더 쉬운 운반을 위한 손잡이로 사용될 수 있을 것으로 상상했다. ④ 그것이 바로 전 세계 수백만 명의 사람들이 사용하는 편리한 비닐 쇼핑백의 영감이 된 두 번째 버전이었다. 아이러니하게도, 툴린은 그것을 종이봉투에 대한 친환경적이고 더 오래 지속되는 대안으로 생각했지만, 그 발명은 오늘날 환경적인 골칫거리로 널리 여겨진다.

어휘

inspiration 영감　experiment 실험을 하다　utilize 활용하다　tubing 배관　packaging 포장재, 포장　application 사용, 응용　flat 평평한　seal 밀봉하다　interval 간격　devise 고안하다, 창안하다　prototype 원형　envision 상상하다, 계획하다　alternative 대안　regard ~로 여기다　nuisance 골칫거리, 성가신 것

구문분석

[1행] It was this second version / that became the inspiration for the convenient plastic shopping bag / that millions of people around the world make use of.
: 이처럼 'It … that ~' 구문이 It과 that 사이에 있는 내용을 강조하는 경우, '~한 것은 바로 …이다'라고 해석한다.

18　독해 문단 순서 배열　난이도 중 ●●○

주어진 글 다음에 이어질 글의 순서로 가장 적절한 것은?

Studies have proven that chronic stress can raise levels of the stress hormone cortisol in the brain, which can provoke issues if it accumulates in too large a quantity over the long term.

(A) Elevated cortisol levels can wear down the brain's ability to function properly by killing cells, disrupting communication between nerve cells, or shrinking brain size.

(B) Based on the brain's remarkable capacity to recover, the answer is no. Fortunately, removing the causes of stress will allow cortisol levels to return to normal and enable the brain to heal itself.

(C) If left unchecked, these negative effects on the brain can induce cognitive impairment or even loss of social skills, but does this signify that the damage is permanent?

① (A) – (B) – (C)　② (A) – (C) – (B)
③ (B) – (C) – (A)　④ (C) – (A) – (B)

해설

주어진 문장에서 만성 스트레스는 뇌에 있는 스트레스 호르몬인 코르티솔 수치(levels of the stress hormone cortisol)를 높일 수 있으며, 장기간에 걸쳐 너무 많은 양이 축적되면 문제를 유발할 수 있다고 한 뒤, (A)에서 높은 코르티솔 수치(Elevated cortisol levels)는 뇌의 능력이 적절하게 기능하는 것을 약화시킬 수 있다고 설명하고 있다. 이어서 (C)에서 이러한 부정적인 영향들이 가져오는 손상이 영구적인지에 대해 질문하고 (B)에서 스트레스의 원인을 제거하면 손상이 영구적이지 않다고 하며 앞선 질문에 대해 대답하고 있다. 따라서 ②번이 정답이다.

해석

연구들은 만성 스트레스가 뇌에 있는 스트레스 호르몬인 코르티솔 수치를 높일 수 있으며, 이것은 장기간에 걸쳐 너무 많은 양이 축적되는 경우 문제를 유발할 수 있음을 입증했다.

(A) 높은 코르티솔 수치는 세포를 죽이거나, 신경 세포들 사이의 소통을 방해하거나, 뇌의 크기를 줄어들게 함으로써 뇌의 능력이 적절하게 기능하는 것을 약화시킬 수 있다.

(C) 손쓰지 않고 내버려두면, 뇌에 대한 이러한 부정적인 영향들은 인지 장애 또는 심지어 사회적 기능의 상실을 초래할 수 있는데, 이것은 손상이 영구적이라는 것을 의미할까?

(B) 뇌의 놀라운 회복 능력에 근거했을 때, 그 대답은 '아니오'이다. 다행히, 스트레스의 원인을 제거하는 것은 코르티솔 수치가 정상으로 돌아가게 하여 뇌가 스스로 회복하게 할 수 있다.

어휘

chronic 만성의 cortisol 코르티솔(부신 겉질에서 분비되는 호르몬의 하나)
provoke 유발하다 accumulate 축적되다, 쌓이다
elevated (정상보다) 높은 wear down 약화시키다
disrupt 방해하다, 지장을 주다 shrink 줄어들게 하다
remarkable 놀라운 heal 회복하다, 낫다
unchecked (손쓰지 않고) 내버려둔 induce 초래하다, 유발하다
cognitive 인지의 impairment 장애 signify 의미하다
permanent 영구적인

19 독해 빈칸 완성 - 구   난이도 상 ●●●

밑줄 친 부분에 들어갈 말로 가장 적절한 것을 고르시오.

> While speciation normally occurs naturally in most environments, it can also be achieved through other means: human intervention or "artificial selection." To accomplish this, species are purposefully isolated to prohibit their reproduction or bred selectively to create individuals with desired morphological or genotypic characteristics. In one test with artificial selection, scientists placed fruit flies in a maze that featured different environments, such as light and dry or dark and wet, and then collected flies as they exited and grouped them according to their presumed _____, based on the assumption that conditions in the maze directed their flight paths, and finally permitted them to mate only within their respective segregated groups. After 35 generations of isolation, the ensuing offspring from each group refused to breed with individuals from the other group even if subsequently raised in proximity. The artificially-induced mating behavior ultimately resulted in reproductively incompatible species.

* speciation: 종 분화(종이 진화하여 새로운 종이 되는 방법)

① uniformity of genetic traits
② techniques for attracting mates
③ preference for particular surroundings
④ compatibility of reproductive parts

해설

'인위 선택'(artificial selection)을 사용한 한 실험에서, 과학자들은 주어진 환경이 초파리들의 비행경로를 지시하고 그것들이 각각의 분리된 무리 내에서만 짝짓기를 하도록 허용한다는 가정에 기반하여 초파리들을 다양한 환경을 특징으로 하는 미로에 두었고, 35세대에 걸친 격리 결과 그것들(초파리)이 격리된 무리 간에 교배하는 것을 거부했다고 했으므로, 빈칸에는 과학자들은 그것들(초파리)이 (미로에서) 나갈 때 그것들을 모으고 추정되는 '③ 특정 환경에 대한 선호'에 따라 분류했다는 내용이 들어가야 한다.

해석

종 분화는 보통 대부분의 환경에서 자연적으로 발생하지만, 인간의 개입이나 '인위 선택'과 같은 다른 수단을 통해서도 이루어질 수 있다. 이를 달성하기 위해, 종은 번식을 못 하게 하기 위해 의도적으로 격리되거나 원하는 형태학상 또는 유전자형 특성을 가진 개체를 만들기 위해 선택적으로 교배된다. 인위 선택을 사용한 한 실험에서, 과학자들은 초파리들을 밝고 건조하거나 어둡고 습한 것과 같은 다양한 환경을 특징으로 하는 미로에 둔 다음, 미로의 환경이 그것들(초파리)의 비행경로를 지시하고 최종적으로 그것들이 각각의 분리된 무리 내에서만 짝짓기를 하도록 허용한다는 가정에 기반하여, 그것들(초파리)이 (미로에서) 나갈 때 초파리들을 모으고 추정되는 특정 환경에 대한 선호에 따라 분류했다. 35세대에 걸쳐 격리된 후, 각 무리의 뒤이은 자손은 나중에는 가까이서 자란 경우에도 다른 무리의 개체와 교배하는 것을 거부했다. 인위적으로 유도된 짝짓기 행위는 결국 생식적으로 공존할 수 없는 종을 낳았다.

① 유전적 형질의 균일성
② 짝을 유인하는 기술
③ 특정 환경에 대한 선호
④ 생식 기관의 적합성

어휘

speciation 종 분화 intervention 개입 artificial selection 인위 선택
isolate 격리하다 breed 교배하다, 번식하다 morphological 형태학상의
genotypic 유전자형의 fruit fly 초파리 maze 미로 presume 추정하다
mate 짝짓기를 하다 respective 각각의 segregate 분리하다
isolation 격리, 고립 ensuing 뒤이은 offspring 후손
subsequently 나중에, 그 뒤에 proximity 가까움, 근접
incompatible 공존할 수 없는 uniformity 균일성
compatibility 적합성, 부합성

20 독해 빈칸 완성 – 구 난이도 중 ●●○

밑줄 친 부분에 들어갈 말로 가장 적절한 것을 고르시오.

As globalization sweeps across the planet, the world's unique cultures are at risk due to the spread of international media, consumerism, and migration. For example, research by the Australian National University suggests that 1,500 currently recognized languages could go extinct by the end of the century if people abandon them in favor of more dominant languages. Along with these, countless traditional practices, including indigenous rituals, folk storytelling, and local craftsmanship, are predicted to be lost due to replacement by those adopted from outside groups. This shift _____, as people around the world increasingly see less value in continuing their traditional ways. To mitigate the impact of globalization, proactive measures must be taken, such as documenting traditions, promoting bilingual education, and enacting policies to ensure that the benefits of globalization do not come at the expense of our diverse cultural heritage.

① highlights the difficulty of cultural preservation
② explains why culture can be an economic driver
③ promises to expand connections between different groups
④ reflects the dominance of particular players on the world stage

해설

빈칸 앞부분에서 세계 고유의 문화가 사라지는 변화에 관해 설명하고, 빈칸 뒷부분에 전 세계 사람들이 전통적인 방식을 지속하는 것의 가치를 점점 덜 느낀다는 내용이 있으므로, 빈칸에는 이러한 변화는 '① 문화 보존의 어려움을 강조한다'는 내용이 들어가야 한다.

해석

세계화가 전 세계를 휩쓸면서, 국제 미디어, 소비주의, 이주의 확산으로 인해 세계 고유의 문화가 위험에 처해 있다. 예를 들어, 호주 국립대학교의 연구에 따르면 현재 인정된 1,500개의 언어가 사람들이 더 지배적인 언어를 선호하여 그것들을(1,500개의 언어) 버린다면 금세기 말까지 사라질 수 있다고 한다. 이와 함께, 토착 의식, 민속 이야기, 지역 공예 기술을 포함한 수많은 전통 관습이 외부 집단에서 받아들인 것들로 대체되어 사라질 것으로 예상된다. 이러한 변화는 전 세계 사람들이 전통적인 방식을 지속하는 것의 가치를 점점 덜 느낌에 따라 문화 보존의 어려움을 강조한다. 세계화의 영향을 완화하기 위해서는 전통을 기록하고, 이중 언어 교육을 장려하며, 세계화의 혜택이 우리의 다양한 문화유산을 희생시키지 않도록 하는 정책을 제정하는 등 선제적인 조치를 취해야 한다.

① 문화 보존의 어려움을 강조한다
② 문화가 경제적 원동력이 될 수 있는 이유를 설명한다
③ 다양한 집단 간의 연결을 확장할 것을 약속한다
④ 세계 무대에서 특정 세력의 지배력을 반영한다

어휘

sweep 휩쓸다, 급속히 퍼지다   unique 고유의, 독특한   at risk 위험에 처한
spread 확산, 전파   consumerism 소비주의   migration 이주
extinct 사라진   abandon 버리다, 포기하다   dominant 지배적인, 우세한
indigenous 토착의   ritual 의식   mitigate 완화하다
proactive 사전 대책을 강구하는, 앞서서 대처하는   enact 제정하다
at the expense of ~을 희생하면서   heritage 문화유산

▶ 실전모의고사 분석 & 셀프 체크

제4회 난이도	중상	제6회 합격선	15 / 20문제	권장 풀이시간	28분
체감 난이도		맞힌 개수	/ 20문제	실제 풀이시간	/ 28분

* 시험지 첫 페이지 QR 코드 스캔을 통해 좀 더 자세한 성적 분석 서비스 사용이 가능합니다.

▶ 정답

01	02	03	04	05	06	07	08	09	10
②	④	①	④	③	④	①	③	②	④
11	**12**	**13**	**14**	**15**	**16**	**17**	**18**	**19**	**20**
③	④	③	③	①	④	④	①	④	②

▶ 취약영역 분석표

영역	어휘	문법	생활영어	독해	TOTAL
맞힌 답의 개수	/ 2	/ 3	/ 2	/ 13	**/ 20**

---

01   어휘 redeem   난이도 중 ●●○

밑줄 친 부분에 들어갈 말로 가장 적절한 것을 고르시오.

> The director's latest film had been severely attacked, and we critics thought his former glorious reputation would never be _____.

① established 확고해지다   ② redeemed 회복되다 ✓
③ gained 얻어지다   ④ damaged 손상되다

해석

그 감독의 최신작은 심하게 비난받았고, 우리 비평가들은 그의 과거 영광스러운 명성이 절대 회복되지 않을 것이라고 생각했다.

어휘

severely 심하게 attack 비난하다 critic 비평가, 평론가
glorious 영광스러운 reputation 명성

이것도 알면 합격!

redeem(회복하다)의 유의어
= reinstate, recover, regain, restore

---

02   어휘 ruin   난이도 중 ●●○

밑줄 친 부분에 들어갈 말로 가장 적절한 것을 고르시오.

> An entertaining movie with likable characters and an intriguing plot can be completely _____ by one single element: an ending that fails to provide a logical resolution.

① fascinated 매혹되다   ② summarized 요약되다
③ evaded 회피되다   ④ ruined 엉망이 되다 ✓

해석

호감이 가는 등장인물들과 아주 흥미로운 줄거리를 가진 재미있는 영화는 단 하나의 요소로 인해 완전히 엉망이 될 수 있다. 그것은 타당한 해결을 제공하는 데 실패한 결말이다.

어휘

entertaining 재미있는, 즐거움을 주는 likable 호감이 가는
intriguing 아주 흥미로운 plot 줄거리, 구성 completely 완전히
element 요소 logical 타당한, 논리적인 resolution 해결, 해명

이것도 알면 합격!

ruin(엉망으로 만들다)의 유의어
= spoil, mess up

03 문법 병치·도치·강조 구문 | 동명사 난이도 중 ●●○

밑줄 친 부분에 들어갈 말로 가장 적절한 것을 고르시오.

> The manager suggested implementing a new strategy and a customer feedback survey or _____ current processes.

① reviewing
② to reviewing
③ review
④ being reviewed

해설

① **병치 구문 | 동명사의 형태** 빈칸은 등위접속사(or) 뒤에 오는 것의 자리이다. 등위접속사(or)로 연결된 병치 구문에서는 같은 구조끼리 연결되어야 하는데, or 앞에 동명사(implementing)가 왔으므로 동명사로 쓰인 ① reviewing과 ④ being reviewed가 정답 후보이다. 빈칸 뒤에 목적어(current processes)가 있고 문맥상 '현재의 절차를 검토하다'라는 의미의 능동 관계가 되어야 자연스러우므로 동명사의 능동형으로 쓰인 ① reviewing이 정답이다.

해석

그 관리자는 새로운 전략 및 고객 의견 설문조사를 시행하거나 현재 절차를 검토할 것을 제안했다.

어휘

implement 시행하다 strategy 전략

이것도 알면 합격!

병치 구문에서는 같은 구조끼리 연결되어야 하고, to 부정사구 병치 구문에서 두 번째 나온 to는 생략할 수 있다는 것을 알아 두자.

ex She wants to learn a new language and (to) travel the world.
그녀는 새로운 언어를 배우고 세계를 여행하고 싶어 한다.

04 문법 가정법 난이도 중 ●●○

밑줄 친 부분 중 어법상 옳지 않은 것을 고르시오.

> ① Even though locals had known about Machu Picchu for centuries, the outside world remained unaware of its existence until 1911. That year, lecturer Hiram Bingham's reason for ② being in Peru was to search for another lost city. In his quest, it was essential ③ for him to gather information from locals, one of whom informed him about Machu Picchu. Had Bingham not met that local, he ④ would never find Machu Picchu.
> → would never have found

해설

④ **가정법 과거완료** 문맥상 'Bingham이 그 현지인을 만나지 않았다면, 그는 마추픽추를 발견하지 못했을 것이다'라는 의미가 되어야 자연스럽고, 문장에 if가 생략되어 도치된 가정법 과거완료 'Had + 주어 + p.p.' 형태가 왔으므로, 주절에도 가정법 과거완료 '주어 + would + have p.p.' 형태가 와야 한다. 따라서 would never find를 would never have found로 고쳐야 한다.

[오답 분석]

① **부사절 접속사 2: 양보** 문맥상 '현지인들은 마추픽추에 관해 알고 있었지만'이라는 의미가 되어야 자연스러우므로, '비록 ~이지만'이라는 의미의 부사절 접속사 Even though가 올바르게 쓰였다.

② **전치사 자리** 전치사(for) 뒤에는 명사 역할을 하는 것이 와야 하므로 동명사 being이 올바르게 쓰였다.

③ **to 부정사의 의미상 주어** 문장의 주어(it)와 to 부정사(to gather)의 행위 주체(he)가 달라 to 부정사의 의미상 주어가 필요한 경우 'for + 명사/목적격 대명사'를 to 부정사 앞에 써야 하므로 for him이 to gather 앞에 올바르게 쓰였다.

해석

현지인들은 수 세기 동안 마추픽추에 관해 알고 있었지만, 1911년까지 외부 세계는 그 존재를 알지 못했다. 그해, 강사 Hiram Bingham이 페루에 온 이유는 또 다른 잃어버린 도시를 찾기 위해서였다. 그의 여정에서, 그는 현지인들로부터 정보를 수집하는 것이 극히 중요했는데, 그중 한 명이 그에게 마추픽추에 관해 알려 주었다. Bingham이 그 현지인을 만나지 않았다면, 그는 마추픽추를 발견하지 못했을 것이다.

어휘

local 현지인 unaware 알지 못하는 existence 존재 lecturer 강사 quest 탐구 여행, 탐색 essential 극히 중요한

이것도 알면 합격!

if절에서 if가 생략된 가정법 Were it not for와 Had it not been for도 함께 알아 두자.

가정법 과거	If it were not for(→ Were it not for) + 명사, 주어 + would/should/could/might + 동사원형 만약 ~이 없다면/~이 아니라면 -할 텐데
가정법 과거완료	If it had not been for(→ Had it not been for) + 명사, 주어 + would/should/could/might + have p.p. 만약 ~이 없었다면/~이 아니었다면 -했을 텐데

05 문법 비교 구문 & 형용사와 부사 · 난이도 중 ●●○

밑줄 친 부분 중 어법상 옳지 않은 것을 고르시오.

In the United States, driving under the influence of alcohol ① claims one life every 50 minutes. Police officers can temporarily stop drivers only ② to release them if their blood alcohol concentration (BAC) is less than 0.08 percent, equivalent to ③ as much as five alcoholic drinks. (→ as many as) Therefore, BAC-based drunk driving laws are largely ④ criticized, as their ineffectiveness has caused so many fatalities.

해설

③ 원급 | 수량 표현 '무려 ~이나 되는, ~만큼 많은'은 'as + 수량 표현 + as'로 나타낼 수 있는데, 비교 대상이 가산 복수 명사인 drinks이므로 불가산 명사 앞에 오는 수량 표현 much를 가산 복수 명사 앞에 오는 수량 표현 many로 고쳐야 한다.

[오답 분석]

① 주어와 동사의 수 일치 동명사(driving) 주어는 단수 취급하므로 단수 동사 claims가 올바르게 쓰였다. 참고로, 주어와 동사 사이의 수식어 거품(under the influence of alcohol)은 동사의 수 결정에 영향을 주지 않는다.

② to 부정사의 역할 문맥상 '결국 그들을 풀어줄 뿐이다'라는 의미가 되어야 자연스러우므로 부사 only 뒤에 결과를 나타내는 to 부정사 to release가 올바르게 쓰였다.

④ 능동태 · 수동태 구별 동사(criticize) 뒤에 목적어가 없고, 문맥상 주어(BAC-based drunk driving laws)와 동사가 '혈중 알코올 농도에 기반한 음주운전 법규가 비판받는다'라는 의미의 수동 관계이므로 be 동사(are) 뒤에서 수동태를 완성하는 과거분사 criticized가 올바르게 쓰였다.

해석

미국에서, 음주운전은 50분마다 한 명의 목숨을 앗아간다. 경찰관들은 운전자들을 일시적으로 멈춰 세울 수 있지만 그들의 혈중 알코올 농도(BAC)가 무려 주류 5잔에 맞먹는 0.08퍼센트 미만이면 결국 그들을 풀어줄 뿐이다. 따라서, 혈중 알코올 농도에 기반한 음주운전 법규는 크게 비판받는데, 이는 그것의 무익함이 아주 많은 사망자를 낳았기 때문이다.

어휘

drive under the influence of alcohol 음주운전을 하다
claim (목숨을) 앗아가다, 주장하다 temporarily 일시적으로
release 풀어주다, 석방하다
blood alcohol concentration (BAC) 혈중 알코올 농도
equivalent to ~에 맞먹는 criticize 비판하다
ineffectiveness 무익함, 무력함 fatality 사망자, 치사율

🎓 이것도 알면 합격!

to 부정사가 결과를 나타낼 때는 to 부정사 앞에 only, never와 같은 부사를 써서 의도되지 않은 결과(only)나 부정(never)의 의미를 나타낸다는 것을 알아 두자.

(ex) She visited the restaurant, only to find it closed.
그녀는 그 식당에 방문했으나, 결국 그곳이 문을 닫았음을 알게 되었다.

06 생활영어 The meetings are scheduled for Tuesday and Wednesday. · 난이도 하 ●○○

밑줄 친 부분에 들어갈 말로 가장 적절한 것을 고르시오.

 Robert Simms
I need you to postpone your work trip to Brazil next week.
08:45 am

 Beth Altman
Why? Did something else come up?
08:45 am

 Robert Simms
Yes. Our clients from Tokyo will be here for meetings. We would like you to be here since you speak Japanese.
08:46 am

 Beth Altman
Oh, I see. I can do that. I just have to make a few calls to reschedule things.
08:47 am

 Robert Simms
Thanks. That will really help us out a lot. They're very important customers so we want to make sure everything goes well with them.
08:48 am

 Beth Altman
When will they be here?
08:48 am

 Robert Simms
_____
_____
08:48 am

① There will be four of them.
② You can leave on Monday morning.
③ It shouldn't take more than a few hours.
④ The meetings are scheduled for Tuesday and Wednesday.

해설

도쿄 고객들과의 회의에 참석해 달라고 요청하며 매우 중요한 고객이기 때문에 모든 일이 잘 진행되도록 하고 싶다고 하는 Robert의 말에 Beth가 When will they be here?(그들은 언제 여기 올 예정인가요?)라고 묻고 있으므로, 빈칸에는 '④ 회의는 화요일과 수요일로 예정되어 있습니다(The meetings are scheduled for Tuesday and Wednesday)'가 오는 것이 자연스럽다.

해석

Robert Simms: 다음 주 브라질 출장을 연기해 주셨으면 합니다.
Beth Altman: 왜요? 다른 일이 생겼나요?

Robert Simms: 네. 도쿄 고객들이 회의에 참석할 예정입니다. 일본어를 구사하시니 참석해 주셨으면 합니다.

Beth Altman: 아, 그렇군요. 참석할 수 있어요. 일정을 다시 잡기 위해 몇 통의 전화만 하면 돼요.

Robert Simms: 감사합니다. 정말 많은 도움이 될 거예요. 그들은 매우 중요한 고객이기 때문에 모든 일이 잘 진행되도록 하고 싶습니다.

Beth Altman: 그들은 언제 여기 올 예정인가요?

Robert Simms: 회의는 화요일과 수요일로 예정되어 있습니다.

① 그들은 네 명이 될 것입니다.
② 월요일 아침에 떠나셔도 됩니다.
③ 몇 시간 이상 걸리지 않아야 합니다.
④ 회의는 화요일과 수요일로 예정되어 있습니다.

어휘

postpone 연기하다　reschedule 일정을 다시 잡다

이것도 알면 합격!

일정 관련하여 사용할 수 있는 표현을 알아 두자.
- Is it possible to reschedule the event? 그 행사 일정을 다시 잡을 수 있을까요?
- When would be a good time for you? 언제 시간이 괜찮으세요?
- What time does the meeting start? 그 회의는 몇 시에 시작하나요?
- This schedule has been canceled. 이 일정은 취소되었어요.

07　생활영어 How much can I save with that? 난이도 하 ●○○

밑줄 친 부분에 들어갈 말로 가장 적절한 것을 고르시오.

A: Hi. I want to buy a travel pass.
B: Sure. How many days will you be traveling for?
A: About seven days.
B: A week-long pass will be thirty dollars.
A: Is there a student discount available?
B: There is. I just need to see a valid student ID card.
A: _____?
B: You can get five dollars off the regular price. Would you like to see our full price list?

① How much can I save with that
② Do you accept other forms of ID
③ What payment method is best
④ How can I check the price

해설

이용 가능한 학생 할인이 있는지 묻는 A의 말에 B가 있다고 대답하고, 빈칸 뒤에서 다시 B가 You can get five dollars off the regular price(정가에서 5달러를 할인받으실 수 있어요)라고 말하고 있으므로, 빈칸에는 '① 제가 그것으로 얼마나 절약할 수 있나요(How much can I save with that)'가 오는 것이 자연스럽다.

해석

A: 안녕하세요. 여행권을 구매하고 싶은데요.
B: 네. 며칠 동안 여행하실 건가요?
A: 7일 정도요.
B: 일주일권은 30달러예요.
A: 이용 가능한 학생 할인이 있나요?
B: 있어요. 단지 유효한 학생증만 보여주시면 돼요.
A: 제가 그것으로 얼마나 절약할 수 있어요?
B: 정가에서 5달러를 할인받으실 수 있어요. 저희의 전체 정가표를 보시겠어요?

① 제가 그것으로 얼마나 절약할 수 있나요
② 다른 형태의 신분증도 받으시나요
③ 어떤 지불 방법이 가장 좋은가요
④ 가격은 어떻게 확인할 수 있나요

어휘

pass (여행)권, 출입증, 탑승권, 통행증　week-long 일주일간의
available 이용 가능한　valid 유효한　ID (identification) 신분증
regular price 정가　payment 지불

이것도 알면 합격!

'save'를 포함한 표현을 알아 두자.
- save one's pains 쓸데없는 수고를 덜다
- save your breath 잠자코 있다
- save one's own skin (남은 곤경에 빠뜨려 놓고) 자기만 화를 면하려 하다

08~09 다음 글을 읽고 물음에 답하시오.

To	Leighton Public Works Office
From	Iris Bellamy
Date	October 11
Subject	Repairs Needed

To whom it may concern,

I am a resident of Sherwood Street and would like to bring to your attention [08]an issue with several streetlights in my area that are dimmer than usual.

After discussing the matter with several of my neighbors, we have noticed that five streetlights on our block seem significantly less bright than others in the neighborhood. We are [08]concerned about the potential safety risks this reduced visibility can cause for both pedestrians and drivers.

[08]I ask that this issue be resolved quickly, preferably before the lights go out completely and [09]pose an even greater hazard to residents. I look forward to your response.

Regards,
Iris Bellamy

해석

받는 사람: Leighton 공공사업소
보낸 사람: Iris Bellamy
날짜: 10월 11일
제목: 수리 필요

관계자분께,

저는 Sherwood가 거주자이며, 제 지역의 여러 가로등이 평소보다 어둡다는 문제를 알리고자 합니다.

이웃 여러 명과 이 문제에 대해 논의한 후, 우리 구역의 가로등 다섯 개가 근처 다른 것들보다 훨씬 덜 밝아 보인다는 사실을 알게 되었습니다. 저희는 보행자와 운전자 모두에게 가시성이 저하됨에 따라 발생할 수 있는 잠재적인 안전 위험이 우려됩니다.

가급적 불이 완전히 꺼져서 주민들에게 더 큰 위험을 초래하기 전에, 이 문제가 신속히 해결되기를 요청드립니다. 답변을 기다리겠습니다.

안부를 전하며,
Iris Bellamy

어휘

resident 거주자, 주민 dim 어둑한 visibility 가시성 pedestrian 보행자
resolve 해결하다 preferably 가급적 pose (문제를) 일으키다
hazard 위험

08 독해 목적 파악 난이도 하 ●○○

윗글의 목적으로 가장 적절한 것은?
① 동네에 가로등이 부족한 것에 대해 불평하려고
② Sherwood가에서 발생한 위험한 교통사고를 신고하려고
③ 거리가 어두워서 발생할 수 있는 안전 문제를 해결해 줄 것을 요청하려고
④ 보행자 도로를 추가로 건설할 것을 제안하려고

해설

지문 처음에서 여러 가로등이 평소보다 어둡다는 문제를 알리고자 글을 썼다고 하고, 지문 중간에서 이로 인한 잠재적인 안전 위험이 우려됨을 언급하며 지문 마지막에서 이 문제가 신속히 해결되기를 요청한다고 했으므로, '③ 거리가 어두워서 발생할 수 있는 안전 문제를 해결해 줄 것을 요청하려고'가 이 글의 목적이다.

09 독해 유의어 파악 난이도 하 ●○○

밑줄 친 hazard의 의미와 가장 가까운 것은?
① obstacle 장애물
② danger 위험 ✓
③ possibility 가능성
④ consequence 결과

해설

밑줄 친 부분이 포함된 문장에서 hazard는 주민들에게 더 큰 '위험'을 초래하기 전에 문제가 신속히 해결되기를 요청한다는 의미로 쓰였으므로, '위험'이라는 의미의 ② danger가 정답이다.

10~11 다음 글을 읽고 물음에 답하시오.

(A)

Everyone deserves a place to call home, but that dream is slipping away from many in Fort Phelps.

[10]The housing crisis we're facing is unprecedented. [11-①]Homes are being purchased by out-of-state investors within days of going on the market. Meanwhile, [11-②]the number of available rentals has dropped by half in the past

year alone, giving housing options only to those willing to pay skyrocketing prices.

[10]Join us for an urgent meeting to address this growing concern. Local officials and housing advocates will be on hand to answer questions, and [11]emergency rental assistance applications with information on where and how to submit them will be available for pickup.

- **Location:** Riviera Point Meeting Center, Hall C
- **Date:** Saturday, June 9
- **Time:** 3:00 p.m. – 5:30 p.m.

For more information, contact the Housing Justice Coalition at (604) 358-5665 or visit www.hjc.org/fortphelps.

[11-④]Jointly sponsored by the Housing Justice Coalition and Fort Phelps City Council

해석

(A) 증가하는 주택 비상사태

모두가 집이라고 부를 수 있는 곳을 가질 자격이 있지만, 그 꿈은 Fort Phelps의 많은 사람들에게서 멀어지고 있습니다.

우리가 직면하고 있는 주택 위기는 전례가 없는 일입니다. 집들은 시장에 나온 지 며칠 만에 다른 주의 투자자들에게 매입되고 있습니다. 한편, 지난 한 해 동안만 임대 가능한 주택 수가 절반으로 감소하여, 치솟는 가격을 기꺼이 지불하는 사람들에게만 주택 옵션을 제공하고 있습니다.

이 증가하는 우려를 해결하기 위한 긴급회의에 참석해 주세요. 지방 공무원과 주택 옹호자들이 참석하여 질문에 답변할 예정이며, 제출 장소와 방법에 관한 정보가 포함된 긴급 임대 지원 신청서를 수령할 수 있습니다.

- **장소:** Riviera Point 회의 센터, C홀
- **날짜:** 6월 9일 토요일
- **시간:** 오후 3시 – 오후 5시 30분

자세한 정보를 위해서는, 주택 정의 연합 (604) 358-5665로 문의하거나 www.hjc.org/fortphelps를 방문하세요.

주택 정의 연합과 Fort Phelps 시의회가 공동 후원합니다

어휘

deserve 자격이 있다 slip away 슬그머니 떠나다 crisis 위기
unprecedented 전례 없는 skyrocketing 치솟는 urgent 긴급한
advocate 옹호자, 지지자 on hand 출석하여, 그 자리에 있는

---

10 독해 제목 파악 난이도 중 ●●○

(A)에 들어갈 윗글의 제목으로 가장 적절한 것은?

① Plan to Construct New Housing
② A Boom in the Housing Market
③ Affordable Housing Solutions
④ The Growing Housing Emergency ✓

해설

지문 앞부분에서 주택 위기에 직면했음을 알리고, 지문 중간에서 증가하는 우려를 해결하기 위한 긴급회의에 참석할 것을 요청하고 있으므로, '④ 증가하는 주택 비상사태'가 이 글의 제목이다.

해석

① 새 주택 건설 계획
② 주택 시장의 호황
③ 저렴한 주택 해결책
④ 증가하는 주택 비상사태

어휘

boom 호황

---

11 독해 내용 불일치 파악 난이도 중 ●●○

위 안내문의 내용과 일치하지 않는 것은?

① 비현지인들이 Fort Phelps의 주택을 매입하고 있다.
② 임대 가능한 주택이 이전의 절반으로 줄었다.
③ 긴급 임대 지원 신청서는 회의 중에 제출해야 한다. ✓
④ 두 개의 별도 기관이 회의를 후원한다.

해설

지문 중간에서 회의에 참석하면 제출 장소와 방법에 관한 정보가 포함된 긴급 임대 지원 신청서를 수령할 수 있다고는 했지만, '③ 긴급 임대 지원 신청서는 회의 중에 제출해야 하'는지는 알 수 없다.

---

12 독해 내용 일치 파악 난이도 중 ●●○

다음 글의 내용과 일치하는 것은?

New Credit System for High School Students

The Education Ministry has introduced a new credit-based system for high school students. Beginning with the new school year, students will be required to [①]take a core curriculum of language arts, mathematics, science, and history. However, they may choose the other classes they take. [②]Each class will count for a number of credits based on the number of class hours per semester. In order to be eligible for graduation, students must complete 192 credits in total. [③]One third of these will be self-selected. The new system aims to allow students more control over their studies.

① The core curriculum includes physical education and art classes.

② The number of credits is set by subject difficulty.

③ Approximately one-third of all credits will be pre-determined.

④ The system is meant to give students more choice in their education.

해설

지문 마지막에서 이 새로운 시스템은 학생들이 자신의 학업을 더 많이 통제할 수 있도록 하는 것을 목표로 한다고 했으므로, '④ 이 시스템은 학생들에게 그들의 교육에서 더 많은 선택권을 부여하기 위한 것이다'라는 것은 지문의 내용과 일치한다.

[오답 분석]
① 지문 처음에서 학생들은 핵심 교과 과목인 국어, 수학, 과학, 역사를 수강해야 한다고 했으므로, 핵심 커리큘럼에는 체육 수업과 미술 수업이 포함되어 있다는 것은 지문의 내용과 다르다.

② 지문 중간에서 각 과목은 학기당 수업 시간 수에 따라 일정 학점으로 계산된다고 했으므로, 학점 수는 과목 난도에 따라 정해진다는 것은 지문의 내용과 다르다.

③ 지문 마지막에서 192학점의 3분의 1은 자율 선택 과목이라고 했으므로, 전체 학점의 약 3분의 1이 미리 결정될 것이라는 것은 지문의 내용과 다르다.

해석

고등학생을 위한 새로운 학점제
교육부는 고등학생을 위한 새로운 학점제를 도입했습니다. 새 학년부터, 학생들은 핵심 교과 과목인 국어, 수학, 과학, 역사를 수강해야 합니다. 그러나 수강할 나머지 과목은 그들(학생들)이 선택할 수 있습니다. 각 과목은 학기당 수업 시간 수에 따라 일정 학점으로 계산됩니다. 졸업 자격을 얻으려면, 학생들은 총 192학점을 이수해야 합니다. 이 중 3분의 1은 자율 선택 과목입니다. 이 새로운 시스템은 학생들이 자신의 학업을 더 많이 통제할 수 있도록 하는 것을 목표로 합니다.

① 핵심 커리큘럼에는 체육 수업과 미술 수업이 포함되어 있다.
② 학점 수는 과목 난도에 따라 정해진다.
③ 전체 학점의 약 3분의 1이 미리 결정될 것이다.
④ 이 시스템은 학생들에게 그들의 교육에서 더 많은 선택권을 부여하기 위한 것이다.

어휘

credit 학점 core 핵심의 semester 학기 be eligible for ~할 자격이 있다
control 통제 determine 결정하다

---

13 독해 요지 파악   난이도 하 ●○○

다음 글의 요지로 가장 적절한 것은?

Protecting Diversity
Ongoing efforts to preserve traditional cultures are needed to maintain the world's rich diversity of human experience.

By protecting a culture's clothing, language, cuisine, and celebrations, these unique elements can be shared and appreciated by others around the globe.

Identity and Connections to the Past
Participating in cultural events and traditions allows individuals to develop the part of their identity associated with culture. Not only does this give them a sense of belonging within their community but it also provides them with a deeper understanding of their ancestors.

Safeguarding cultural traditions ensures that future generations can experience and appreciate the rich heritage of humanity.

① Cultural preservation efforts are being made by organizations around the globe.

② Cultural preservation relies on the individual work from local communities.

③ Cultural preservation is required to save the diversity of humanity.

④ Cultural preservation is a priority of the younger generations.

해설

지문 전반에 걸쳐 세계 인류 경험의 다양성을 유지하기 위해서는 전통문화를 보존하기 위한 노력이 필요하다고 하고, 문화 행사와 전통에 참여하는 것의 효과를 설명하고 있으므로, '③ 인류의 다양성을 지키기 위해서는 문화 보존이 필요하다'가 이 글의 요지이다.

해석

다양성 보호하기
세계의 풍부한 인류 경험의 다양성을 유지하기 위해서는 전통문화를 보존하기 위한 지속적인 노력이 필요하다. 한 문화의 의복, 언어, 요리, 축하 행사를 보호함으로써, 이러한 독특한 요소를 전 세계 다른 사람들이 공유하고 감상할 수 있다.

정체성과 과거와의 연결
문화 행사와 전통에 참여하면 개인은 문화와 관련된 정체성의 일부를 발전시킬 수 있다. 이를 통해 그들은 공동체 내에서 소속감을 느낄 수 있을 뿐만 아니라 그들의 선조에 대한 깊은 이해를 얻을 수 있다.

문화 전통을 보호하는 것은 미래 세대가 인류의 풍부한 유산을 경험하고 그 가치를 인식할 수 있도록 한다.

① 전 세계 기관들이 문화 보존 노력을 기울이고 있다.
② 문화 보존은 지역 사회의 개인적인 노력에 의존한다.
③ 인류의 다양성을 지키기 위해서는 문화 보존이 필요하다.
④ 문화 보존은 젊은 세대의 최우선 과제이다.

어휘

diversity 다양성 ongoing 지속적인 appreciate 감상하다
identity 정체성 connection 연결 belonging 소속
ancestor 선조, 조상 safeguard 보호하다 rely on ~에 의존하다

14 독해 내용 불일치 파악   난이도 중 ●●○

다음 글의 내용과 일치하지 않는 것은?

Tickets for Bellfield Wildlife Reserve must be purchased online, with visitors selecting their preferred date and entry time from the calendar. Although you do not need to arrive exactly at the start time on your ticket, please ensure that ①you enter the grounds no later than one hour before closing time. If you are unsure of the date of your visit, consider purchasing ②a Flex Pass, which allows entry on any day within a 12-month period after purchase.

Standard admission prices vary by season, with peak weekend and weekday tickets priced at $40 and $35, respectively, and off-peak weekend and weekday tickets priced at $30 and $25, respectively. For those with promotional codes or gift vouchers, please enter your code during checkout. Members with ④Gold status can receive half-price admission by entering their membership ID.

For more information, please call 1 (800) 273-2740.

① Visitors must enter the grounds no later than one hour before closing time.
② A Flex Pass is good for up to a year after purchase.
③ It costs $40 for a weekend visit to the zoo during the low season.
④ Gold members are eligible for half off the price of admission.

해설

지문 중간에서 비수기 주말 입장료는 30달러라고 했으므로, '③ 비수기 주말에 동물원 방문 시 40달러가 든다'는 것은 지문의 내용과 일치하지 않는다.

해석

Bellfield 야생 보호구역 입장권은 온라인으로 구매해야 하며, 방문객분들은 달력에서 원하는 날짜와 입장 시각을 선택해야 합니다. 입장권에 표시된 시작 시각에 정확히 도착할 필요는 없지만, 늦어도 폐장 시각 1시간 전까지는 반드시 입장해야 합니다. 방문 날짜가 확실하지 않은 경우, 구매 후 12개월 이내에 어느 날이든 입장이 가능한 Flex Pass를 구매하는 것을 고려해 보세요.

표준 입장료는 시즌에 따라 다르며, 성수기 주말과 평일 입장권은 각각 40달러와 35달러이고, 비수기 주말과 평일 입장권은 각각 30달러와 25달러입니다. 쿠폰 번호나 상품권을 가진 분들은, 결제 시 코드를 입력하세요. 골드 등급 회원분들은 회원 ID를 입력하여 반값 입장권을 받을 수 있습니다.

더 많은 정보를 원하시면, 1 (800) 273-2740으로 전화해 주세요.

① 방문객은 늦어도 폐장 시각 1시간 전까지는 입장해야 한다.
② Flex Pass는 구매 후 최대 1년 동안 사용할 수 있다.
③ 비수기 주말에 동물원 방문 시 40달러가 든다.
④ 골드 회원은 입장료 반값 혜택을 받을 수 있다.

어휘

entry 입장   admission 입장   respectively 각각   good for 유효의

15 독해 주제 파악   난이도 중 ●●○

다음 글의 주제로 가장 적절한 것은?

Let me explain to you the evolution of the social media influencer to predict the next change in the digital marketing space. In 2008, online marketing relied on celebrities—entertainers, Hollywood actors, or star athletes—as models to endorse products for companies. But despite their enormous followings on social media, they failed to register high levels of engagement with the commodities they were promoting. Rather, non-celebrity influencers, who had amassed a much smaller but loyal audience, generated more interactions, as measured by views, "likes," comments, and click-through rates to the product or service's site. Now, when I get a PR request, I first contact a social media influencer related to the target industry, whether it be fashion or lifestyle. These influencers can be paid less than their celebrity counterparts, but for even greater savings, I can hire a virtual reality model. These virtual influencers will be the future of digital marketing.

① shifting influences in marketing
② common marketable products
③ accurate engagement indicators
④ influencer demands in unique areas

해설

지문 첫 문장에서 '소셜미디어 인플루언서의 진화'라는 지문의 중심 소재를 제시한 뒤, 지문 전반에 걸쳐 연예인이나 할리우드 배우와 같은 유명인사를 마케팅 모델로 고용했던 과거와 달리, 요즘에는 그들에 비해 적지만 충성스러운 팬을 보유하여 더 많은 참여를 이끌어낼 수 있는 소셜미디어 인플루언서를 마케팅에 활용하고 있다고 설명한 후, 지문 마지막에서는 가상 인플루언서가 디지털 마케팅의 미래라며 마케팅의 영향력이 이동하는 과정을 과거, 현재, 미래로 나누어 설명하고 있다. 따라서 '① 마케팅에서의 변화하는 영향력'이 이 글의 주제이다.

해석

디지털 마케팅 공간에서의 다음 변화를 예측하기 위해 제가 여러분에게 소셜미디어 인플루언서의 진화에 대해 설명해 드리죠. 2008년에, 온라인 마케팅은 회사의 제품을 홍보할 모델로 연예인, 할리우드 배우, 혹은 스타 운동선수 같은 유명인사에 의존했습니다. 하지만 소셜미디어에서의 그들의 엄청난 팬에도 불구하고, 그들은 그들이 홍보하고 있었던 상품들에 대한 높은 수준의 참여를 기록하는 데 실패했습니다. 오히려, 훨씬 더 적지만 충성스러운 지지자를 모아왔던, 유명인사가 아닌 인플루언서들이 조회 수, '좋아요', 댓글, 그리고 제품이나 서비스의 사이트로 연결되는 클릭률에 의해 측정되는

더 많은 상호작용을 발생시켰죠. 이제, 홍보 요청을 받을 때, 저는 패션이든 생활 방식이든 간에, 대상 산업과 연관된 소셜미디어 인플루언서에게 먼저 연락합니다. 이러한 인플루언서들에게는 유명인사에 비해 더 적은 보수가 지급될 수 있지만, 더 많은 돈을 절약하려면, 저는 가상현실 모델을 고용할 수도 있죠. 이러한 가상 인플루언서들은 디지털 마케팅의 미래가 될 것입니다.

① 마케팅에서의 변화하는 영향력
② 시장성이 있는 일반 제품
③ 정확한 참여 지표
④ 독특한 영역에서의 인플루언서 수요

어휘

evolution 진화 predict 예측하다, 예견하다 celebrity 유명인사
endorse 홍보하다, 보증하다 enormous 엄청난, 막대한
following 팬, 애독자, 숭배자 register 기록하다, 등록하다
engagement 참여 commodity 상품 promote 홍보하다, 촉진하다
amass 모으다, 축적하다 loyal 충성스러운 audience 지지자, 팬, 청중
interaction 상호작용 measure 측정하다
counterpart 대응 관계에 있는 사람, 상대방 hire 고용하다
virtual reality 가상현실 shifting 변화하는, 이동하는 indicator 지표
demand 수요

---

16 독해 무관한 문장 삭제 · 난이도 중 ●●○

다음 글의 흐름상 어색한 문장은?

As human civilization has moved further away from nature, so too has the sound of music. ① The first pieces of music replicated the slow rhythmic melodies of running rivers, blowing winds, and animal calls. ② Now, not only have those sounds been largely replaced by faster, louder, and more complex tunes, but the instruments used have become more machine-like as well. ③ Instead of traditional instruments, musicians these days rely on computers to a greater extent in order to create intricate electric beats, set at breakneck speeds, to reflect the pace of the modern world. ④ A return to a more organic style of music-making is underway by artists who shun the current trends. While the resulting songs are exciting, they also feel contrived, less natural, and therefore less appealing as a form of pure human expression.

해설

지문 앞부분에서 인간 문명이 자연으로부터 벗어남에 따라 음악의 소리 또한 그러해 왔다고 한 뒤, ①번에서 인간 문명이 자연으로부터 벗어나기 전 초기 음악의 소리를 언급하고, ②, ③번에서 초기의 소리가 오늘날 어떻게 변했는지 설명하고 있다. 그러나 ④번은 일부 예술가들이 작곡에 있어 더욱 자연스러운 스타일로 회귀하고 있다는 내용으로, 오늘날의 음악은 자연스러운 스타일로부터 벗어나 점점 기계 같아지고 있다고 설명하는 지문 전반의 내용과 관련이 없다.

해석

인간 문명이 자연으로부터 훨씬 더 멀리 벗어남에 따라, 음악의 소리 또한 그러해 왔다. ① 초기 음악 작품들은 흐르는 강물, 부는 바람, 그리고 동물의 울음소리의 느린 율동적인 선율을 모사했다. ② 이제는, 그러한 소리들이 대체로 더 빠르고, 더 크며, 더 복잡한 선율에 의해 대체되었을 뿐만 아니라, 사용되는 악기들 또한 더 기계 같아졌다. ③ 전통적인 악기 대신, 오늘날의 음악가들은 현대 세계의 속도를 반영하려고 위험할 정도로 빠른 속도에 맞춰진 복잡한 전자 리듬을 만들어내기 위해 컴퓨터에 더 크게 의존한다. ④ 더욱 자연스러운 작곡 방식으로의 회귀는 현재의 추세를 피하는 예술가들에 의해 진행 중이다. 그 결과로 만들어진 노래들은 신나는 반면, 그것들은 또한 억지로 꾸민 듯하고, 덜 자연스러우며, 따라서 순수한 인간 표현의 형태로서 덜 매력적이다.

어휘

human civilization 인간 문명 piece 작품 replicate 모사하다, 모방하다
blow (바람이) 불다 call (동물의) 울음소리 replace 대체하다
complex 복잡한 tune 선율, 곡조 instrument 악기
machine-like 기계 같은 traditional 전통적인 rely on ~에 의존하다
to a greater extent 더 크게 intricate 복잡한
breakneck 위험할 정도로 빠른, 정신없이 달려가는 reflect 반영하다
organic 자연스러운, 유기농의 underway 진행 중인 shun 피하다
contrived 억지로 꾸민 듯한 appealing 매력적인

---

17 독해 문장 삽입 · 난이도 하 ●○○

주어진 문장이 들어갈 위치로 가장 적절한 것은?

Using powerful language motivates you to work harder.

Whether it's related to work, a hobby, health, relationships, or finances, everyone has a goal they want to achieve. (①) The first step to accomplishing your objective is to make it real, but how can we turn an abstract idea in your head into something tangible? (②) To do this, write the goal down and post it in a place where you can see it every day. (③) The way you word your goal is as consequential as where you put it, so leave out weak phrases like "try" or "might" and instead incorporate strong words like "will." (④) Consider the following sentences and compare which is more encouraging: "I'll try to exercise often." vs. "I will run a mile each morning."

해설

④번 앞 문장에서 (목표를 적을 때) 약한 어구는 배제하고 강한 단어를 포함하라고 설명하고 있고, ④번 뒤 문장에서 더 힘을 북돋아 주는 문장의 실례를 보여주고 있다. 따라서 ④번 자리에 강력한 언어를 써야 하는 이유를 부연 설명하는 내용의 주어진 문장이 들어가야 지문이 자연스럽게 연결된다.

해석

그것이 일, 취미, 건강, 관계, 혹은 재정 중 무엇과 관련되어 있든지 간에, 모든 사람은 그들이 이루고 싶은 목표를 가지고 있다. 당신의 목표를 성취하는 첫 번째 단계는 그것을 현실적으로 만드는 것인데, 우리는 어떻게 당신의 머릿속에 있는 추상적인 생각을 실제적인 무언가로 바꿀 수 있을까? 이것을 하기 위해서는, 목표를 적어서 그것을 당신이 매일 볼 수 있는 곳에 붙여라. 당신의 목표를 말로 나타내는 방식은 그것을 두는 곳만큼 중요하므로, '해보다' 혹은 '할지도 모른다'와 같은 약한 어구는 배제하고 대신에 '할 것이다'와 같은 강한 단어를 포함하라. ④ 강력한 언어를 쓰는 것은 당신이 더 열심히 하도록 동기를 부여한다. 다음 문장들을 잘 생각해보고 무엇이 더 힘을 북돋아 주는지 비교해보아라. "나는 운동을 더 자주 하려고 노력할 것이다." 대 "나는 매일 아침 1마일씩 달릴 것이다."

어휘

motivate 동기를 부여하다 finance 재정, 재무 achieve 이루다, 달성하다
accomplish 성취하다 objective 목표, 목적 abstract 추상적인, 관념적인
tangible 실제적인, 유형의 consequential 중요한, 결과로서 일어나는
leave out 배제하다, 빼다 phrase 어구 incorporate 포함하다, 설립하다
encouraging 힘을 북돋아 주는

---

18 독해 문단 순서 배열 난이도 중 ●●○

주어진 글 다음에 이어질 글의 순서로 가장 적절한 것은?

The COVID-19 pandemic led to the greatest rental subsidy program in American history.

(A) Indeed, nearly 500,000 households were able to avoid expulsion from their homes due to government grants and a moratorium on evictions.

(B) Yet as the pause on home dispossessions and rental payments come to an end, experts warn that the problems from the pre-pandemic housing industry will come roaring back.

(C) Even before COVID-19, more than 2 million Americans faced displacement every year. According to research from nine leading NGOs, 30 to 40 million people could become homeless when the COVID-19 rental programs draw to a close.

① (A) – (B) – (C)
② (A) – (C) – (B)
③ (B) – (A) – (C)
④ (B) – (C) – (A)

해설

주어진 글에서 코로나 19 전염병이 미국 역사상 가장 큰 임대 보조금 프로그램을 초래했다고 언급한 후, (A)에서 실제로 거의 50만 가구가 정부 보조금(government grants)과 퇴거 유예 덕분에 집에서 쫓겨나는 것을 피할 수 있었다고 설명하고 있다. 이어서 (B)에서 그러나(Yet) 주택에서 몰아내기와 임대료 납입 중단이 끝나감에 따라 전문가들은 전염병 이전의 주택 산업 문제(problems from the pre-pandemic housing industry)가 다시 불거질 것이라고 경고한다고 설명하고, (C)에서 코로나 19 이전에도(Even before COVID-19) 매년 2백만 명 이상의 미국인들이 이동해야 했으며 코로나 19 임대 프로그램이 끝나갈 즈음에는 많은 사람들이 노숙자가 될 수 있다고 설명하고 있다. 따라서 ①번이 정답이다.

해석

코로나 19 전염병은 미국 역사상 가장 큰 임대 보조금 프로그램을 초래했다.

(A) 실제로, 거의 50만 가구가 정부 보조금과 퇴거 유예 덕분에 그들의 집에서 쫓겨나는 것을 피할 수 있었다.
(B) 그러나 주택에서 몰아내기와 임대료 납입 중단이 끝나감에 따라, 전문가들은 전염병 이전의 주택 산업 문제가 다시 불거질 것이라고 경고한다.
(C) 코로나 19 이전에도, 매년 2백만 명 이상의 미국인들이 이동해야 했다. 9개의 주요 비정부 기구의 조사에 따르면, 코로나 19 임대 프로그램이 끝나갈 즈음에는 3천만에서 4천만 명의 사람들이 노숙자가 될 수 있다.

어휘

rental 임대(료) subsidy 보조금, 장려금 expulsion 쫓겨남, 추방
grant 보조금 moratorium 유예, 활동 중단 eviction 퇴거, 쫓아냄
pause 중단, 중지 dispossession 몰아내기, 몰수
displacement (제자리에서 쫓겨난) 이동 homeless 노숙자의
draw to a close 끝에 가까워지다

19 독해 빈칸 완성 – 단어   난이도 중 ●●○

밑줄 친 부분에 들어갈 말로 가장 적절한 것을 고르시오.

Noted psychologist Amos Tversky was instrumental in boosting our understanding of cognitive biases—the logical fallacies that may transpire when people assimilate and interpret information. His research has had a significant impact on the marketing practices of most major corporations, as it reveals various factors that influence the decision-making process of consumers. For example, Tversky ascertained a phenomenon known as "loss aversion," whereby the psychological pain an individual experiences from a pecuniary loss is greater than the pleasure from an equivalent financial gain. As a result, people go to great lengths to _____ what they have. Companies ill-use this predilection by framing discounts as opportunities that consumers already possess but will forfeit if they do not act. Using expressions such as "Only available this week" or "Limited stock available" when advertising a promotion creates a sense that the consumer faces an immediate risk of losing the savings proffered.

① increase
② divide
③ exchange
④ preserve ✓

해설

빈칸 앞 문장에서 손실 회피의 정의를 언급하면서 사람들은 동등한 금전상의 이득에서 오는 즐거움보다 금전상의 손실로부터 더 큰 심리적 고통을 겪는다고 설명했고, 빈칸 뒤 문장에서는 회사들이 할인을 행동하지 않으면 박탈당할 예정인 기회로 표현함으로써 소비자들의 손실 회피 성향을 악용한다고 설명하고 있다. 따라서 손실 회피에 대해 부가적으로 설명하는 빈칸 문장에는 사람들이 가진 것을 (박탈당하지 않고) '④ 보존하기' 위해 무엇이든 한다는 내용이 들어가야 한다.

해석

저명한 심리학자 아모스 트버스키는 사람들이 정보를 받아들이고 해석할 때 발생할지도 모르는 논리적 오류인 우리의 인지 편향에 대한 이해를 신장시키는 데 중요한 역할을 했다. 그의 연구는 대다수 주요 기업들의 마케팅 관행에 상당한 영향을 미쳐 왔는데, 이는 그것이 소비자들의 의사결정 과정에 영향을 미치는 여러 가지 요소들을 드러내기 때문이다. 예를 들어, 트버스키는 '손실 회피'라고 알려진 현상을 알아냈는데, 그것에 의하면 개인이 금전상의 손실로부터 겪는 심리적 고통은 동등한 금전상의 이득에서 오는 즐거움보다 더 크다. 결과적으로, 사람들은 그들이 가진 것을 보존하기 위해 무엇이든 한다. 회사들은 할인을 소비자들이 이미 가지고 있지만 행동하지 않으면 박탈당할 예정인 기회로 표현함으로써 이러한 선호를 악용한다. 판촉 활동을 홍보할 때 '이번 주에만 이용 가능' 혹은 '한정된 재고만 입수 가능'과 같은 표현들을 사용하는 것은 소비자로 하여금 제공받은 절약을 잃을 당장의 위험에 직면해 있다는 기분이 들게 한다.

① 증가시키다
② 나누다
③ 교환하다
④ 보존하다

어휘

noted 저명한   instrumental 중요한, 도움이 되는
boost 신장시키다, 북돋우다   cognitive bias 인지 편향   logical 논리적인
fallacy 오류   transpire 발생하다   assimilate 받아들이다, 완전히 이해하다
interpret 해석하다   consumer 소비자   ascertain 알아내다
phenomenon 현상   aversion 회피, 혐오감   pecuniary 금전상의
equivalent 동등한, 맞먹는
go to great lengths to ~하기 위해 무엇이든 하다   ill-use 악용하다, 오용하다
predilection 선호, 아주 좋아함   frame 표현하다, 틀을 잡다
forfeit 박탈당하다, 몰수당하다   available 입수 가능한   stock 재고(품)
advertise 홍보하다, 광고하다   promotion 판촉 활동, 홍보
proffer 제공하다, 권하다

20 독해 빈칸 완성 – 절   난이도 중 ●●○

밑줄 친 부분에 들어갈 말로 가장 적절한 것을 고르시오.

Gig work is largely shaped by unpredictable demand and shifting economic conditions, which is one reason _____ for those who engage in it. With traditional employment increasingly seen as less secure and desirable in recent years, and with digital platforms making independent work more accessible, many have turned to it as an alternative. During economic booms, gig workers are able to take advantage of opportunities to earn more than a typical paycheck at a traditional job as businesses and consumers increase spending on services. However, this same dependence on market conditions exposes gig workers to severe downturns when consumer spending contracts or competition intensifies. Furthermore, the absence of employer-sponsored benefits, including sick leave and health insurance, means that any downtime translates into lost earnings, which can make it difficult to save for the future and intensifies financial insecurity.

① the industry has remained attractive
② it can create highs and lows ✓
③ it offers greater flexibility and freedom
④ the job market is getting worse

해설

빈칸 뒷부분에서 긱 근무자들은 경제 호황기에는 일반적인 급여 이상을 받을 기회를 활용할 수 있는 반면, 소비자 지출이 줄어들거나 경쟁이 격렬해질 때는 심각한 경기 침체를 접할 수 있는 상황을 설명하고 있으므로, 빈칸에는 긱 근무는 예측할 수 없는 수요와 변화하는 경제 상황에 의해 크게 형성되며, 이는 긱 근무에 종사하는 사람들에게 '② 기복을 초래할 수 있는' 이유 중 하나라는 내용이 들어가야 한다.

해석

긱 근무는 예측할 수 없는 수요와 변화하는 경제 상황에 의해 크게 형성되며, 이는 그것(긱 근무)에 종사하는 사람들에게 기복을 초래할 수 있는 이유 중 하나이다. 최근 몇 년 동안 전통적인 고용이 점점 더 덜 안전하고 덜 탐나는 것으로 여겨지고, 디지털 플랫폼이 독립적인 업무에 더 쉽게 접근할 수 있게 만들면서 많은 사람들이 그것(긱 근무)을 대안으로 선택했다. 경제 호황기에, 긱 근무자들은 기업과 소비자가 서비스에 대한 지출을 늘리면서 전통적인 직장에서의 일반적인 급여 이상을 받을 기회를 활용할 수 있다. 그러나 이와 같은 시장 상황에 대한 의존도는 소비자 지출이 줄어들거나 경쟁이 격렬해질 때 긱 근무자들을 심각한 경기 침체를 접하게 한다. 또한, 병가 및 건강 보험을 포함한 고용주 지원 혜택의 부재는 휴식 시간이 곧 수입 손실로 이어진다는 의미이며, 이는 미래를 위해 저축하기 어렵게 만들 수 있고 재정적 불안정을 심화시킨다.

① 그 업계는 여전히 매력적이다
② 기복을 초래할 수 있다
③ 더 큰 유연성과 자유를 제공한다
④ 취업 시장이 악화되고 있다

어휘

gig work 긱 근무(정규직보다는 임시직·계약직을 선호하는 사회에서의 업무나 일)
shape 형성하다 **unpredictable** 예측할 수 없는 **engage in** ~에 종사하다
desirable 탐나는, 바람직한 **independent** 독립적인 **alternative** 대안
boom 호황 **typical** 일반적인, 보통의 **dependence** 의존
expose 접하게 하다 **contract** 줄어들다 **competition** 경쟁
intensify 격렬해지다, 심해지다, 심화시키다 **absence** 부재
downtime 휴식 시간 **earning** 수입 **insecurity** 불안정, 불안
highs and lows 기복 **flexibility** 유연성

구문분석

[4행] With traditional employment increasingly seen as less secure and desirable / in recent years, / and with digital platforms making independent work more accessible, ~
: 이처럼 동시에 일어나는 상황이나 이유를 나타내는 'with + 명사 + 분사'가 온 경우, '~이 −한 채로/하면서, ~때문에'라고 해석한다.

❯ 실전모의고사 분석 & 셀프 체크

제5회 난이도	중	제4회 합격선	16 / 20문제	권장 풀이시간	27분
체감 난이도		맞힌 개수	/ 20문제	실제 풀이시간	/ 27분

* 시험지 첫 페이지 QR 코드 스캔을 통해 좀 더 자세한 성적 분석 서비스 사용이 가능합니다.

❯ 정답

01	02	03	04	05	06	07	08	09	10
①	④	③	②	④	②	②	④	②	③
11	**12**	**13**	**14**	**15**	**16**	**17**	**18**	**19**	**20**
④	④	①	②	②	④	②	④	③	④

❯ 취약영역 분석표

영역	어휘	문법	생활영어	독해	TOTAL
맞힌 답의 개수	/ 2	/ 3	/ 2	/ 13	/ 20

---

01 어휘 flammable
난이도 중 ●●○

밑줄 친 부분에 들어갈 말로 가장 적절한 것을 고르시오.

One significant problem with hydrogen-powered vehicles is that hydrogen is highly _____, so an electrical shock has the potential to spark a fire.

✓① flammable 불에 잘 타는 ② corrosive 부식을 일으키는
③ heatproof 열에 손상되지 않는 ④ noxious 유독한

해석

수소를 동력으로 하는 차량의 한 가지 큰 문제는 수소가 매우 불에 잘 타기 때문에, 전기 충격이 화재를 촉발시킬 가능성이 있다는 것이다.

어휘

hydrogen-powered 수소를 동력으로 하는 potential 가능성, 잠재력
spark 촉발시키다 flammable 불에 잘 타는, 가연성의
heatproof 열에 손상되지 않는, 내열성의

🖋 **이것도 알면 합격!**

flammable(불에 잘 타는, 가연성의)의 유의어
= combustible, ignitable, inflammable

---

02 어휘 entitle
난이도 중 ●●○

밑줄 친 부분에 들어갈 말로 가장 적절한 것을 고르시오.

Many students were unaware that they are _____ to receive discounts on a range of services, including public transportation.

① forced 강요받는 ② ensured 확실시되는
③ presumed 추정되는 ✓④ entitled 자격이 있는

해석

많은 학생들은 그들이 대중교통을 포함하여, 다양한 서비스들에 대해 할인받을 자격이 있는 것을 알지 못했다.

어휘

unaware ~을 알지 못하는 a range of 다양한

🖋 **이것도 알면 합격!**

entitle(자격을 주다)과 유사한 의미의 표현
= authorize, warrant, permit, allow, enable, give a right

03   문법 조동사   난이도 하 ●○○

밑줄 친 부분에 들어갈 말로 가장 적절한 것을 고르시오.

My boss **demanded that** everyone in the office _____ to work at least 10 minutes early.

① is reported   ② reported
③ report   ④ reports

해설

③ **조동사 should의 생략** 빈칸은 종속절(that everyone ~ early)의 동사 자리이다. 주절에 요구를 나타내는 동사(demand)가 나오면 종속절에는 '(should +) 동사원형'이 와야 하므로 ③ report가 정답이다.

해석

내 상사는 사무실의 모든 사람들이 적어도 10분 일찍 회사에 출근 보고를 할 것을 요구했다.

어휘

demand 요구하다   report 출근 보고를 하다

이것도 알면 합격!

주절에 아래와 같은 제안·의무·요청·주장을 나타내는 동사/형용사가 나오면, 종속절에는 '(should +) 동사원형'이 와야 한다는 것을 알아 두자.

동사	require 요구하다	request 요청하다
	suggest 제안하다	recommend 추천하다
	order 명령하다	insist 주장하다
	demand 요구하다	propose 제안하다
형용사	necessary 필수적인	imperative 필수적인
	essential 필수적인	important 중요한

04   문법 분사   난이도 중 ●●○

밑줄 친 부분 중 어법상 옳지 않은 것을 고르시오.

Among **professionals** who have just entered the workforce, there are ① <u>many</u> for whom **failing** is ② <u>frightened</u>. They
                                          → frightening
actively try to avoid it, fearing it will make them appear incompetent, but in doing so, they ③ <u>are missing</u> valuable opportunities for growth. These professionals **had better** ④ <u>accept</u> the fact that mistakes are an inherent part of business and the only way to improve.

해설

② **현재분사 vs. 과거분사** 감정을 나타내는 동사(frighten)가 보충 설명하는 대상이 감정의 원인이면 현재분사를, 감정을 느끼는 대상이면 과거분사를 써야 하는데, 문맥상 '실패가 두렵다'라는 의미로 failing이 감정의 원인이 되어야 자연스러우므로 과거분사 frightened를 현재분사 frightening으로 고쳐야 한다.

[오답 분석]

① **수량 표현** 수량 표현 many가 지시하는 명사(professionals)가 가산 복수 명사이므로, 복수 취급하는 수량 표현 many가 올바르게 쓰였다.

③ **현재진행 시제** 문맥상 '실패를 적극적으로 피함으로써 소중한 성장 기회를 놓치고 있다'라는 현재 시점에서 진행 중인 상황을 표현하는 것이 알맞으므로 현재진행 시제 are missing이 올바르게 쓰였다.

④ **조동사 관련 표현** 조동사처럼 쓰이는 표현 had better(~하는 게 좋겠다) 뒤에는 동사원형이 와야 하므로 동사원형 accept가 올바르게 쓰였다.

해석

막 입사한 전문가들 중에는 실패가 두려운 사람들이 많다. 그들은 그것(실패)이 그들을 무능해 보이게 할까 봐 두려워 적극적으로 피하려 하지만, 그렇게 함으로써 그들은 소중한 성장 기회를 놓치고 있다. 이러한 전문가들은 실수는 비즈니스의 내재된 부분이며 개선할 수 있는 유일한 방법이라는 사실을 받아들이는 것이 좋다.

어휘

professional 전문가   actively 적극적으로   incompetent 무능한
valuable 소중한   inherent 내재된, 고유의

이것도 알면 합격!

조동사처럼 쓰이는 표현을 알아 두자.

ought to ~해야 한다	be going to ~할 것이다
be able to ~할 수 있다	had better ~하는 게 좋겠다
have to ~해야 한다	used to ~하곤 했다

05 문법 병치·도치·강조 구문 & 수 일치   난이도 중 ●●○

밑줄 친 부분 중 어법상 옳지 않은 것을 고르시오.

> For her wedding, Queen Victoria wore a dress with lace
> ① applied to the skirt. It was made exclusively of local
> materials, ② showing her support for British industries.
> The white gown, ③ which was unprecedented at that time,
> was far simpler than previous royal wedding dresses. Of
> the many traditional symbols of the monarchy that she
> abandoned ④ were the royal fur robe.
> → was

해설

④ **도치 구문: 부사구 도치 | 주어와 동사의 수 일치** 부사구(Of ~ abandoned)가 강조되어 문장 맨 앞에 나오면 주어와 동사가 도치되어 '동사 + 주어'의 어순이 되는데, 주어 자리에 단수 명사 the royal fur robe가 왔으므로 복수 동사 were를 단수 동사 was로 고쳐야 한다.

[오답 분석]

① **분사구문의 관용 표현** '~인 채로 ~하는 상태로'라는 의미는 'with + 목적어(lace) + 분사'의 형태로 나타낼 수 있는데, 목적어 lace와 분사가 '레이스가 달리다'라는 의미의 수동 관계이므로 과거분사 applied가 올바르게 쓰였다.

② **분사구문의 형태** 주절의 주어(It)와 분사구문이 '그것(드레스)은 그녀의 지지를 보여 주었다'라는 의미의 능동 관계이므로 현재분사 showing이 올바르게 쓰였다.

③ **관계절의 용법** 관계절이 콤마(,) 뒤에서 앞에 나온 선행사(The white gown)에 대해 부가 설명을 하고, 관계절 내에서 동사(was)의 주어 역할을 하고 있으므로 계속적 용법으로 쓰일 수 있는 주격 관계대명사 which가 올바르게 쓰였다. 참고로, 계속적 용법으로 쓰인 관계절에는 선행사에 상관없이 관계대명사 that은 올 수 없다.

해석

그녀의 결혼식을 위해, 빅토리아 여왕은 치마에 레이스가 달린 드레스를 입었다. 그것은 오직 현지의 직물들로만 만들어졌으며, 이는 영국 산업에 대한 그녀의 지지를 보여 주었다. 흰색 드레스는, 당시에는 전례 없는 것이었는데, 이전의 왕실 웨딩드레스들보다 훨씬 단순했다. 그녀가 버린 군주제의 다른 많은 전통적인 상징들 중에는 왕실의 모피 예복이 있었다.

어휘

apply A to B A를 B에 달다, 붙이다 exclusively 오직 ~만
unprecedented 전례 없는 the monarchy 군주제
abandon 버리다, 떠나다 fur 모피, 털 robe 예복

✏️ 이것도 알면 합격!

형용사, 분사 보어가 강조되어 문장의 맨 앞에 나올 때도, 주어와 (조)동사가 도치되어 '보어 + (조)동사 + 주어'의 어순이 된다는 것을 알아 두자.

(ex) Tall were our chances of winning the game.
     보어 동사 주어
게임에서 우리가 이길 가능성이 높았다.

06 생활영어 Would you be willing to drive me?   난이도 하 ●○○

밑줄 친 부분에 들어갈 말로 가장 적절한 것을 고르시오.

> A: My car won't start.
> B: Again? I thought you took it to your mechanic.
> A: I was planning to on Wednesday, but I didn't have time.
> B: How are you getting home tonight then?
> A: _____?
> B: Sure. I need to stop and fill up first though.
> A: Oh! Let me pay for that. It's the least I can do.
> B: OK. Give me a minute to finish up, and we'll get going.

① Do you think I should pay for the taxi
② Would you be willing to drive me
③ Are you finished with your work yet
④ Isn't there a garage that fills up tires

해설

차가 시동이 걸리지 않는다는 A의 말에 B가 그럼 오늘 밤은 집에 어떻게 갈 건지 묻고, 빈칸 뒤에서 다시 B가 Sure. I need to stop and fill up first though(좋아. 그런데 잠시 차를 세워서 먼저 (기름을) 가득 채워야 해)라고 말하고 있으므로, 빈칸에는 '② 나를 태워다 줄 수 있니(Would you be willing to drive me)'가 오는 것이 자연스럽다.

해석

> A: 내 차가 시동이 걸리지 않아.
> B: 또? 난 네가 그것을 정비공에게 가져간 줄 알았는데.
> A: 수요일에 그러려고 했는데, 시간이 없었어.
> B: 그럼 오늘 밤은 집에 어떻게 갈 거야?
> A: 나를 태워다 줄 수 있니?
> B: 좋아. 그런데 잠시 차를 세워서 먼저 (기름을) 가득 채워야 해.
> A: 오! 내가 그 비용을 낼게. 그게 내가 할 수 있는 최소한이야.
> B: 알겠어. 나에게 마무리할 시간을 잠깐만 줘, 그리고 바로 가자.

① 너는 내가 택시비를 내야 한다고 생각하니
② 나를 태워다 줄 수 있니
③ 너는 벌써 일을 다 끝냈니
④ 타이어에 (바람을) 가득 채울 정비소가 있니

어휘

mechanic 정비공 fill up ~을 가득 채우다 garage 정비소, 차고

✏️ 이것도 알면 합격!

도움을 요청할 때 사용할 수 있는 표현을 알아 두자.

· Can I ask you a favor? 부탁 하나만 해도 될까?
· Would you do me a favor? 내 부탁 하나만 들어줄래?
· Would you mind giving me a hand? 좀 도와주시겠어요?
· I need some help with us. 저희 좀 도와주세요.
· I'm wondering if you can do anything with this.
  당신이 이것 좀 도와줄 수 있는지 궁금해요.

07 생활영어 How much does it cost to reserve a court?
난이도 하 ●○○

밑줄 친 부분에 들어갈 말로 가장 적절한 것을 고르시오.

Jennifer
Hello. I have some questions about the park's tennis courts?
16:11

Park Management Office
I can help you with that. What exactly would you like to know?
16:12

Jennifer
_____
_____
16:12

Park Management Office
It depends on the time and day.
16:13

Jennifer
OK. What about Monday at 11 a.m.?
16:14

Park Management Office
That would be $5 per hour.
16:14

Jennifer
That's perfect. I'd like to reserve it for two hours.
16:15

Park Management Office
OK. It's all set. See you on Monday.
16:15

① Is there a limit to the number of players?
② How much does it cost to reserve a court?
③ When are the courts open to the public?
④ Are there any tennis coaches available?

해설

빈칸 뒤에서 그것은 시간과 날짜에 따라 다르다는 공원 관리 사무소의 말에 Jennifer가 월요일 오전 11시는 어떤지 묻자 다시 공원 관리 사무소가 That would be $5 per hour(그건 시간당 5달러입니다)라고 말하고 있으므로, 빈칸에는 '② 코트 예약 비용은 얼마인가요?(How much does it cost to reserve a court?)'가 오는 것이 자연스럽다.

해석

Jennifer: 안녕하세요. 공원 테니스 코트에 관해 몇 가지 질문이 있습니다.
공원 관리 사무소: 제가 도와드릴 수 있습니다. 정확히 무엇을 알고 싶으신가요?
Jennifer: 코트 예약 비용은 얼마인가요?
공원 관리 사무소: 그것은 시간과 날짜에 따라 다릅니다.
Jennifer: 알겠습니다. 월요일 오전 11시는 어떤가요?
공원 관리 사무소: 그건 시간당 5달러입니다.
Jennifer: 완벽하네요. 두 시간 예약하고 싶어요.
공원 관리 사무소: 네. 예약 완료되었습니다. 월요일에 뵙겠습니다.

① 선수 수에 제한이 있나요?
② 코트 예약 비용은 얼마인가요?
③ 코트는 언제 일반인에게 개방되나요?
④ 테니스 코치가 있나요?

어휘

exactly 정확히   limit 제한

이것도 알면 합격!

프로그램/서비스에 관해 문의할 때 사용할 수 있는 표현을 알아 두자.
· Do you offer any programs for beginners?
  초보자를 위한 프로그램을 제공하나요?
· Can I sign up for the class online?
  온라인으로 수업 등록할 수 있나요?
· What are the benefits of the sessions you offer?
  제공하시는 교육의 장점은 무엇인가요?
· Can you tell me more about the program?
  그 프로그램에 관해 더 자세히 알려줄 수 있나요?
· What are the operating hours? 운영 시간은 어떻게 되나요?

08~09 다음 글을 읽고 물음에 답하시오.

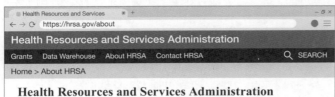

Health Resources and Services Administration

Grants Data Warehouse About HRSA Contact HRSA ○ SEARCH

Home > About HRSA

Health Resources and Services Administration

About

We ^{08-①}serve individuals who face challenges receiving adequate healthcare due to geographic isolation or economic hardship. We are committed to enhancing health outcomes by improving access to medical services through the construction of medical facilities and the development of programs that provide financial support.

Health Centers

We ^{08-②}currently operate nearly 1,500 health centers nationwide that offer affordable medical care to marginalized communities. For the last 60 years, our centers have provided 31 million people with ⁰⁹comprehensive medical, dental, mental, and vision care.

Grants and Funding

Each year, we ^{08-③}distribute grants to 3,000 organizations, which ⁰⁸use the funds to support staff training and certification, purchase medical resources and equipment, and subsidize patient care.

[해석]

보건 자원 및 서비스 행정국

소개

저희는 지리적 고립이나 경제적 어려움으로 인해 적절한 의료 서비스를 받기 어려운 사람들에게 서비스를 제공합니다. 저희는 의료 시설 건설과 재정 지원을 제공하는 프로그램 개발을 통해 의료 서비스 접근성을 개선하여 건강 결과를 향상시키는 데 최선을 다하고 있습니다.

보건소

저희는 현재 전국적으로 소외된 지역 사회에 저렴한 의료 서비스를 제공하는 약 1,500개의 보건소를 운영하고 있습니다. 지난 60년 동안, 저희 보건소에서는 3,100만 명에게 종합적인 의료, 치과, 정신 건강, 시력 치료를 제공해 왔습니다.

보조금 및 자금 지원

저희는 매년 3,000개의 기관에 보조금을 배분하고 있으며, 이들은 자금을 사용하여 직원 교육 및 자격증 취득을 지원하고, 의료 자원 및 장비를 구매하고, 환자 치료에 보조금을 지급합니다.

[어휘]

adequate 적절한 geographic 지리적인 isolation 고립
hardship 어려움, 곤란 outcome 결과 nearly 거의
marginalize 하찮은 존재 같은 기분이 들게 하다, 처지게 하다
comprehensive 종합적인 grant 보조금 distribute 배분하다
subsidize 보조금을 지급하다

08 독해 내용 일치 파악 난이도 중 ●●○

윗글에서 Health Resources and Services Administration에 관한 내용과 일치하는 것은?

① It helps transport patients in isolated areas to health centers.
② It operates medical centers around the world.
③ It has awarded 3,000 grants throughout its history.
④ It financially supports medical personnel training. ✓

[해설]

지문 마지막에서 기관에 보조금을 배분하고 있으며 이들은 자금을 사용하여 직원 교육 및 자격증 취득을 지원한다고 했으므로, '④ 의료진 교육을 재정적으로 지원한다'는 것은 지문의 내용과 일치한다.

[오답 분석]
① 지문 처음에서 지리적 고립으로 인해 적절한 의료 서비스를 받기 어려운 사람들에게 서비스를 제공한다고는 했지만, 외딴 지역의 환자들을 보건소로 이송하는 것을 돕는지는 알 수 없다.
② 지문 중간에서 현재 전국적으로 약 1,500개의 보건소를 운영하고 있다고 했으므로, 전 세계에서 보건소를 운영한다는 것은 지문의 내용과 다르다.
③ 지문 마지막에서 3,000개의 기관에 보조금을 배분하고 있다고는 했지만, 역사상 3,000건의 보조금을 지급했는지는 알 수 없다.

[해석]
① 외딴 지역의 환자들을 보건소로 이송하는 것을 돕는다.
② 전 세계에서 보건소를 운영한다.
③ 역사상 3,000건의 보조금을 지급했다.
④ 의료진 교육을 재정적으로 지원한다.

[어휘]

transport 이송하다, 수송하다 financially 재정적으로

09 독해 유의어 파악 난이도 중 ●●○

밑줄 친 comprehensive의 의미와 가장 가까운 것은?

① prolonged 장기적인   ② complete 완전한 ✓
③ private 사적인   ④ understandable 이해할 수 있는

[해설]

밑줄 친 부분이 포함된 문장에서 comprehensive는 '종합적인' 의료, 치과, 정신 건강, 시력 치료를 제공해 왔다는 의미로 쓰였으므로, '완전한'이라는 의미의 ② complete가 정답이다.

10~11 다음 글을 읽고 물음에 답하시오.

(A)

The Roland Community Center is excited to ¹⁰/¹¹⁻①open two computer classes **exclusively to town residents**. No matter your current level, there's something for everyone to learn from these 10-week courses.

Course Details
▪ **Meeting Day**: Saturdays
▪ **Class Duration**: 1 hour (starting at 10 a.m.)
▪ ¹¹⁻②**Location**: Roland High School Computer Lab

Course Offerings
▪ ¹¹⁻③**Introduction to Computer Skills**
Get familiar with computer basics and ¹¹ ③learn how to navigate the Internet to search information, send emails, and access entertainment.

▪ **Photo and Video Editing**
Perfect for those already comfortable with computers, this class teaches foundational skills for editing media content using software programs.

Classes are available on a first come, first serve basis. ¹⁰Interested individuals can register at 334-2256. ¹¹Enrollment is free, but students will need to pay for their own learning materials (less than $10).

해석

(A) 지역 사회 수업을 활용하세요

Roland 문화 센터는 마을 주민들만을 위한 컴퓨터 수업 두 반을 개설하게 되어 매우 기쁩니다. 현재 수준에 관계없이, 모든 사람이 10주 과정을 통해 배울 수 있는 것이 있습니다.

과정 세부 정보
▪ **수업 요일**: 매주 토요일
▪ **수업 시간**: 1시간 (오전 10시 시작)
▪ **장소**: Roland 고등학교 컴퓨터 실습실

개설 과정
▪ **컴퓨터 기술 입문**
컴퓨터 기본에 익숙해지고 인터넷을 탐색하여 정보를 검색하고, 이메일을 보내고, 오락 콘텐츠에 접근하는 방법을 배우세요.

▪ **사진 및 동영상 편집**
이미 컴퓨터 사용에 익숙한 사람들에게 완벽한 이 수업은 소프트웨어 프로그램을 사용하여 미디어 콘텐츠를 편집하는 기초 기술을 가르칩니다.

수업은 선착순으로 등록 가능합니다. 관심 있는 분들은 334-2256으로 등록할 수 있습니다. 등록은 무료이지만, 학생은 자신의 학습 자료 비용 (10달러 미만)을 지불해야 합니다.

어휘

exclusively 오로지, 독점적으로 **introduction** 입문
get familiar with ~에 익숙해지다 **navigate** 웹사이트를 여기저기 찾다

---

comfortable 쉽게 다룰 수 있는, 편한 **foundational** 기초적인
enrollment 등록

10 독해 제목 파악 난이도 중 ●●○

(A)에 들어갈 윗글의 제목으로 가장 적절한 것은?
① Volunteer to Teach Classes to Residents
② Get Good Deals on Used Computers
③ Take Advantage of Community Classes ✓
④ Share a Video about Our Town

해설

지문 전반에 걸쳐 마을 주민들만을 위한 컴퓨터 수업을 개설하였음을 알리고 과정 세부 정보 및 등록에 관해 설명하고 있으므로, '③ 지역 사회 수업을 활용하세요'가 이 글의 제목이다.

해석

① 주민들에게 수업을 가르치는 자원봉사를 하세요
② 중고 컴퓨터를 좋은 가격에 구매하세요
③ 지역 사회 수업을 활용하세요
④ 우리 마을에 관한 동영상을 공유하세요

어휘

deal 거래 **take advantage of** ~을 활용하다 **share** 공유하다

11 독해 내용 불일치 파악 난이도 하 ●○○

위 안내문의 내용과 일치하지 않는 것은?
① 개설 과정은 주민들만 이용할 수 있다.
② 수업은 지역 학교에서 진행된다.
③ 초보자들은 웹 검색 방법을 배울 것이다.
④ 수업에 등록하려면 10달러를 지불해야 한다. ✓

해설

지문 마지막에서 등록은 무료라고 했으므로, '④ 수업에 등록하려면 10달러를 지불해야 한다'는 것은 지문의 내용과 일치하지 않는다.

12 독해 내용 불일치 파악 난이도 중 ●●○

Neat-House 앱에 관한 다음 글의 내용과 일치하지 않는 것은?

Try the Neat-House app for your regular home maintenance.

The Neat-House app makes it easy to keep your home clean and organized. Fully customizable, the app lets users start by adding rooms and assigning specific chores to each one. Next, ①users set a schedule, and the app sends reminders when a chore needs to be done, whether it's a daily task or an annual one. For families, the app allows chores to rotate among different members. ②The app's gamified features make it enjoyable for both children and adults. ③The free version is available for individual use, while a one-time $5 purchase of the family plan allows the app to be shared with up to five people.

① Users should create a chore schedule.
② It has elements designed to be fun and engaging.
③ It is available for free for personal use.
④ There is an annual fee for the family plan.

해설

지문 마지막에서 가족 요금제를 5달러에 한 번만 구매하면 최대 5명과 앱을 공유할 수 있다고 했으므로, '④ 가족 요금제에는 연회비가 있다'는 것은 지문의 내용과 일치하지 않는다.

해석

정기적인 집 관리를 위해 **Neat-House** 앱을 사용해 보세요.
Neat-House 앱은 집을 깨끗하고 정돈된 상태로 유지하는 것을 쉽게 만들어 줍니다. 완전히 사용자 맞춤 설정이 가능한 이 앱은 사용자가 방을 추가하고 각 방에 특정 집안일을 지정하는 것부터 시작할 수 있습니다. 다음으로, 사용자가 일정을 설정하면, 매일 해야 하는 일이든 연례 작업이든 집안일을 해야 할 때 앱이 알림을 보냅니다. 가족의 경우, 이 앱은 집안일을 다른 구성원들 사이에서 순환하도록 합니다. 앱의 게임화된 기능으로 어린이와 성인 모두 즐길 수 있습니다. 무료 버전은 개인용으로 이용할 수 있으며, 가족 요금제를 5달러에 한 번만 구매하면 최대 5명과 앱을 공유할 수 있습니다.

① 사용자는 집안일 일정을 만들어야 한다.
② 재미있고 흥미롭게 설계된 요소가 있다.
③ 개인용은 무료로 이용할 수 있다.
④ 가족 요금제에는 연회비가 있다.

어휘

organized 정돈된 chore 집안일 rotate 순환하다 element 요소
engaging 매력적인, 마음을 끄는

13 독해 제목 파악 난이도 하 ●○○

다음 글의 제목으로 가장 적절한 것은?

In AD 1238, Mohammed ben Al-Hamar—the ruler of the Emirate of Granada, a Muslim state in the southern part of modern-day Spain—ordered the construction of a new royal residence. Subsequent rulers of the region augmented this structure until it was a massive complex with many notable architectural features. The Alhambra, as it is named, occupies an area of over 142,000 square meters and is surrounded by a high wall that is decorated with exquisite mosaics. It includes the famed Court of the Lions, a large courtyard with a fountain supported by 12 lions at its center. The fountain was originally set up so that each lion would shoot water from its mouth at a particular hour!

① Notable Islamic Architectural style of the Alhambra
② The Monarch: Al-Hamar vs. Subsequent Rulers
③ Is the Court of the Lions More than Just a Fountain?
④ Architecture: From Early to Modern-day Spain

해설

지문 전반에 걸쳐 이슬람교 국가인 그라나다 토후국의 통치자 알 하마르가 처음 알람브라 궁전의 건설을 명령한 뒤 뒤이은 통치자들이 이것이 주목할 만한 건축적 특징을 가진 거대한 복합 건물이 될 때까지 증대했다고 하며, 궁전의 건축적 특징을 설명하고 있다. 따라서 '① 알람브라 궁전의 눈에 띄는 이슬람교 건축 양식'이 이 글의 제목이다.

해석

서기 1238년에, 오늘날 스페인의 남부에 있는 이슬람교 국가인 그라나다 토후국의 통치자 모하메드 벤 알 하마르는 새로운 국왕 처소의 건설을 명령했다. 그 지역의 뒤이은 통치자들은 그것이 많은 주목할 만한 건축적 특징을 가진 거대한 복합 건물이 될 때까지 이 구조물을 증대했다. 알람브라 궁전은, 이름 그대로, 14만 2천 제곱미터가 넘는 면적을 차지하고 있으며 정교한 모자이크로 장식된 높은 벽으로 둘러싸여 있다. 그곳은 중앙에 12마리의 사자가 지탱하는 분수가 있는 넓은 뜰인, 아주 유명한 사자의 중정을 포함하고 있다. 분수는 원래 각각의 사자가 특정 시간에 입에서 물을 쏘도록 설치되었다!

① 알람브라 궁전의 눈에 띄는 이슬람교 건축 양식
② 군주: 알 하마르 대 후속 통치자들
③ 사자의 중정은 분수 이상의 것인가?
④ 건축: 초기부터 오늘날 스페인까지

어휘

emirate 토후국 Muslim 이슬람교의 subsequent 뒤이은, 후속의
augment 증대하다, 늘리다 massive 거대한 complex 복합 건물
notable 주목할 만한, 눈에 띄는 the Alhambra 알람브라 궁전
occupy (공간을) 차지하다 exquisite 정교한, 매우 아름다운
famed 아주 유명한 Court of the Lions 사자의 중정 courtyard 뜰, 마당
fountain 분수 set up 설치하다 shoot 쏘다

14　독해　주제 파악　난이도 하 ●○○

다음 글의 주제로 가장 적절한 것은?

A growing number of manufacturers are integrating flexible displays into their products. Some of the latest phone models allow users to adjust the display size. This is made possible through the use of a special plastic screen and a hinge in the middle of the device. Such technology nearly doubles the screen area. These devices are referred to as foldable phones because they can be bent in half—either inward or outward—like a piece of paper. Another type that may soon be available for purchase features a mechanism that, when triggered, prompts moving parts inside the device to push a layer of the phone away, revealing a larger, tablet-like screen. A phone such as this would not require a secondary screen cover since it would be protected by the body of the phone. These devices are being called rollable phones.

① how phone production methods are changing
② how flexible screens are used in phones
③ how foldable smartphones are produced
④ how screen size affects the user experience

해설

지문 전반에 걸쳐 구부릴 수 있는 디스플레이를 전화기에 접목한 최신 전화기의 두 가지 모델인 '폴더블 전화기'와 '롤러블 전화기'의 각각의 특징에 대해 설명하고 있으므로, '② 구부릴 수 있는 화면이 전화기에 사용되는 방식'이 이 글의 주제이다.

해석

점점 더 많은 제조업체들이 구부릴 수 있는 디스플레이를 그들의 상품에 통합시키고 있다. 일부 최신 전화기 모델은 사용자가 디스플레이 크기를 조절할 수 있게 한다. 이것은 특수 플라스틱 화면과 기기 중앙에 있는 경첩의 사용을 통해 가능해진다. 이러한 기술은 화면 영역을 거의 두 배로 늘린다. 이러한 장치들은 종이처럼 안쪽이나 바깥쪽으로 하여 반으로 구부러질 수 있기 때문에 폴더블(접을 수 있는) 전화기라고 불린다. 곧 구매가 가능해지는 또 다른 유형은, 작동될 때 장치 내부의 움직이는 부품들이 전화기의 한 층을 밀어내도록 하여, 더 크고 태블릿 같은 화면이 드러나 보이게 하는 기계 장치를 특징으로 한다. 이것과 같은 전화기는 전화기 본체에 의해 보호되기 때문에 부수적인 화면 덮개가 필요하지 않다. 이러한 장치들을 롤러블(말 수 있는) 전화기라고 한다.
① 전화기 생산 방법이 변화해 가는 방식
② 구부릴 수 있는 화면이 전화기에 사용되는 방식
③ 폴더블 스마트폰이 만들어지는 방법
④ 화면 크기가 사용자 경험에 영향을 미치는 방식

어휘

manufacturer 제조업체　integrate 통합시키다
flexible 구부릴 수 있는, 신축성 있는　adjust 조절하다　hinge 경첩
be referred to as ~라고 불리다　foldable 접을 수 있는, 접히는
bend 구부리다　feature 특징으로 하다　mechanism 기계 장치
trigger (장치를) 작동시키다　prompt (어떤 일이 일어나도록) 하다
reveal 드러나 보이게 하다　secondary 부수적인, 부차적인
rollable 말 수 있는, 말리는

15　독해　요지 파악　난이도 중 ●●○

다음 글의 요지로 가장 적절한 것은?

Traditionally, family units were organized around the father serving as the breadwinner. While the mother took on the responsibility of raising the children, the father devoted his time to providing financially for the family, meaning that he was a relatively distant figure having little to do with his children's social and emotional development. However, as society evolved and more dual-income families became the norm, fathers began to spend more time taking on the burden of childcare. The dissipation of the old, dichotomous approach has proven beneficial, as children with fathers who participate in their upbringing show improved physical and mental health.

① Dual-income families face more challenges when it comes to raising children.
② A shift in conventional attitudes enabled fathers to be actively involved in childrearing.
③ Children's material needs were viewed as more critical than their emotional needs.
④ Childhood development was negatively impacted by paternal involvement in caregiving.

해설

지문 전반에 걸쳐 과거에는 아버지들이 양육에 대한 책임을 거의 지지 않았지만 사회가 발전하고 맞벌이 가정이 보편화되면서 아버지들이 육아에 더 많은 시간을 할애하기 시작했고, 오래된 이분법적인 접근법(아버지는 생계를 책임지고 어머니는 자녀들을 양육하는 책임을 진다는 양분된 접근법)의 소멸이 유익한 것으로 입증되었다고 설명하고 있다. 따라서 '② 전통적인 사고방식의 변화는 아버지들이 육아에 활발히 참여할 수 있게 했다'가 이 글의 요지이다.

해석

전통적으로, 가족 단위는 생계를 책임지는 역할을 하는 아버지를 중심으로 구성되었다. 어머니는 자녀들을 양육하는 책임을 진 반면, 아버지는 가족을 재정적으로 부양하는 데 시간을 할애하였고, 이것은 그가 자녀들의 사회적, 정서적 발달과 거의 관련이 없는 상대적으로 거리가 먼 인물이었음을 의미한다. 그러나, 사회가 발전하고 맞벌이 가정이 보편화되면서, 아버지들은 육아 부담에 보다 많은 시간을 보내기 시작했다. 오래된 이분법적인 접근법의 소멸은 유익한 것으로 입증되었는데, 이는 그들(자녀)의 양육에 참여하는 아버지를 둔 자녀들이 향상된 신체 건강과 정신 건강을 보여 주기 때문이다.

① 맞벌이 가정은 자녀 양육에 있어 더 많은 어려움을 겪는다.

② 전통적인 사고방식의 변화는 아버지들이 육아에 활발히 참여할 수 있게 했다.

③ 아이들의 물질적 욕구는 정서적 욕구보다 더 중요하게 여겨졌다.

④ 양육에 대한 아버지의 개입은 아동기 발달에 부정적인 영향을 미쳤다.

어휘

unit 단위 breadwinner (집안의) 생계를 책임지는 사람
take on (책임을) 지다 devote time to ~에 시간을 할애하다
provide for ~을 부양하다 distant 거리가 먼 dual-income 맞벌이의
norm 보편적인 것 burden 부담, 짐 childcare 육아, 보육
dissipation 소멸, 소실 dichotomous 이분법적인, 양분된
beneficial 유익한, 이로운 upbringing 양육, 가정 교육
attitude 사고방식, 태도 childrearing 육아 paternal 아버지의
involvement 개입, 관여 caregiving 양육, 돌봄

16 독해 무관한 문장 삭제   난이도 하 ●○○

다음 글의 흐름상 어색한 문장은?

With regard to international relations theory, advocates of realism have been critical of the rise of liberalism. ① Unlike realism, liberalism holds that foreign policy should mirror a state's domestic policy. ② To that end, it is not primarily concerned with competitive self-interest and dominating other states militarily. ③ Rather, liberalism suggests that power encompasses much more than force and can be acquired from a variety of different sources, with trade, cultural exchange, and cooperation being the most conventional. ④ A formidable national culture can result in greater unity among the various citizens. This is because such factors induce social and economic advancements, which enhance the abilities of a state.

해설

지문 처음에서 국제 관계 이론과 관련하여 현실주의 옹호자들이 자유주의의 부상에 대해 비판해 왔다고 언급한 뒤, ①, ②, ③번에서 자유주의가 중시하는 외교 정책의 특징과 권력의 원천을 설명하고 있다. 그러나 ④번은 아주 우수한 민족 문화가 시민들 사이에 더 큰 화합을 가져올 수 있다는 내용으로 국제 관계 이론에서의 자유주의의 주장에 대한 내용과 관련이 없다.

해석

국제 관계 이론과 관련하여, 현실주의 옹호자들은 자유주의의 부상에 대해 비판해 왔다. ① 현실주의와 달리, 자유주의는 외교 정책이 국가의 국내 정책을 반영해야 한다고 주장한다. ② 그 목적을 위해, 그것은 경쟁적인 사리사욕과 다른 국가들을 군사적으로 지배하는 것에 주요하게 관심을 두지 않는다. ③ 오히려, 자유주의는 권력이 물리력 이상의 훨씬 더 많은 것을 포함하며 가장 일반적인 무역, 문화 교류 및 협력과 더불어, 다양한 여러 근원들로부터 획득될 수 있다고 말한다. ④ 아주 우수한 민족 문화는 다양한 시민들 사이에서 더 큰 화합을 가져올 수 있다. 이것은 그러한 요인들이 사회경제적 발전을 유도하기 때문이며, 그것은 국가의 능력을 향상시킨다.

어휘

with regard to ~과 관련하여 advocate 옹호자, 지지자 realism 현실주의
critical 비판적인 liberalism 자유주의 mirror 반영하다 domestic 국내의
end 목적, 목표 competitive 경쟁적인 self-interest 사리사욕
dominate 지배하다 encompass 포함하다 acquire 획득하다, 얻다
cooperation 협력 conventional 일반적인 formidable 아주 우수한
unity 화합, 단결 induce 유도하다 enhance 향상시키다

17 독해 문장 삽입 | 난이도 중 ●●○

주어진 문장이 들어갈 위치로 가장 적절한 것은?

> Similarly, their demand for convenience indicates that they will go for companies that deliver products.

> Generation Z is characterized as taking modern technology and a globalized world for granted. Despite experiencing shaky economic times, they exhibit a material and selective arrogance, proffering clues about their future consumer behavior. (①) Growing up during a period of rapid innovation means they will expect more choice in the marketplace and not become tied to any particular brand. (②) Of course, all generations enjoy shopping from the comfort of home. (③) Yet Gen Zers have taken this to an extreme, preferring to interact with the world from behind a screen. (④) This could create challenges if they ever have to leave the tranquility of their virtual realities.

해설

②번 앞 문장에 Z세대가 특정 브랜드에 얽매이지 않는다는 내용이 있고, ②번 뒤 문장에서 물론 모든 세대가 집에서 편안하게(from the comfort of) 쇼핑하는 것을 즐긴다고 했으므로, ②번 자리에 편리함(convenience)에 대한 그들(Z세대)의 요구는 그들이 제품을 배송하는 회사들을 택할 것(go for companies that deliver products)임을 나타낸다는 내용의 주어진 문장이 들어가야 지문이 자연스럽게 연결된다.

해석

Z세대는 현대 기술과 세계화된 세상을 당연하게 여기는 것으로 특징지어진다. 경제적으로 불안정한 시기를 겪었음에도 불구하고, 그들은 물질적이고 선택적인 도도함을 보이며, 그들의 미래 소비자 행동에 대한 단서를 제공한다. 급속한 혁신의 시기에서 자라는 것은 그들이 시장에서 더 많은 선택지를 기대하고 특정 브랜드에 얽매이지 않으리라는 것을 의미한다. ② 마찬가지로, 편리함에 대한 그들의 요구는 그들이 제품을 배송하는 회사들을 택할 것임을 나타낸다. 물론, 집에서 편안하게 쇼핑하는 것을 즐기는 모든 세대가 있다. 그러나 Z세대는 이것을 극도로 취하며, 화면 뒤에서 세상과 상호 작용하는 것을 선호한다. 이것은 그들이 언젠가 가상 현실에서의 평온함을 떠나야 하게 될 경우 문제를 발생시킬 수 있다.

어휘

convenience 편리함, 편의 go for ~을 택하다 deliver 배송하다
characterize 특징짓다 take A for granted A를 당연하게 여기다
shaky 불안정한, 불확실한 exhibit 보이다, 드러내다 material 물질적인
selective 선택적인, 까다로운 arrogance 도도함, 거만함
proffer 제공하다, 내놓다 tie 얽매다, 구속하다 comfort 편안함, 안락함
extreme 극도 Gen Zer Z세대 tranquility 평온함 virtual 가상의

18 독해 문단 순서 배열 | 난이도 중 ●●○

주어진 문장 다음에 이어질 글의 순서로 가장 적절한 것은?

> The COVID-19 pandemic and the resulting lockdowns have had unfortunate ramifications for the development of young children. Nowhere is this more apparent than in their linguistic abilities.

(A) To help teachers surmount their student's communication challenges, many UK elementary schools started offering remedial language instruction to students in need of help augmenting their vocabularies.
(B) Further, it was posited that this conspicuous change from previous years can only be ascribed to lack of social contact and exposure to fewer vocabulary-expanding opportunities.
(C) Research has found that, when children across the United Kingdom returned to school in 2021, 25 percent more four-and five-year-olds than usual required assistance reaching age-appropriate language levels.

① (A) – (B) – (C)　　② (B) – (C) – (A)
③ (C) – (A) – (B)　　④ (C) – (B) – (A)

해설

주어진 문장에서 코로나 19 전염병과 그에 따른 통제가 어린아이들의 언어 능력 발달에 유감스러운 결과를 가져왔다고 한 뒤, (C)에서 연구에 따르면 평소(코로나 19 이전)보다 25퍼센트 더 많은 비율의 네다섯 살 어린이들이 연령에 적합한 언어 수준에 도달하기 위해 도움을 필요로 한다고 설명하고 있다. 이어서 (B)에서 이 눈에 띄는 변화(this conspicuous change)는 사회적 접촉의 부족과 어휘 확장 기회에 대한 더 적은 노출 탓이라고 한 후, (A)에서 학생들의 의사소통 문제(코로나 19 이후 아이들의 언어 능력이 떨어진 문제)를 극복해야 하는 교사들을 돕기 위해 많은 영국 초등학교들이 학생들의 어휘를 늘리는 데 도움이 되는 언어 보충 교육을 제공하기 시작했다고 설명하고 있다. 따라서 ④번이 정답이다.

해석

> 코로나 19 전염병과 그에 따른 제재는 어린아이들의 발달에 유감스러운 결과를 가져왔다. 그들의 언어 능력보다 이것이 더 분명한 것은 어디에도 없다.

(C) 연구는 영국 전역의 어린이들이 2021년에 학교로 돌아갔을 때, 평소보다 25퍼센트 더 많은 네다섯 살 어린이들이 연령에 적합한 언어 수준에 도달하는 데 도움을 필요로 한다는 것을 발견했다.
(B) 게다가, 예년에 비해 눈에 띄는 이 변화가 사회적 접촉의 부족과 더 적은 어휘 확장 기회에 대한 노출 탓으로만 돌려질 수 있다는 것이 사실로 받아들여졌다.
(A) 교사들이 학생들의 의사소통 문제를 극복하도록 돕기 위해, 많은 영국 초등학교에서는 그들의 어휘를 늘리는 데 도움이 필요한 학생들에게 언어 보충 교육을 제공하기 시작했다.

어휘

lockdown (움직임·행동 등에 대한) 제재 unfortunate 유감스러운
ramification 결과, 영향 apparent 분명한 linguistic 언어의
surmount 극복하다 remedial (학력 부족을) 보충하는 instruction 교육, 지도
augment 늘리다, 증가시키다 posit 사실로 받아들이다
conspicuous 눈에 띄는 ascribe to ~의 탓으로 돌리다 exposure 노출

---

19 독해 빈칸 완성 - 연결어 난이도 중 ●●○

밑줄 친 (A), (B)에 들어갈 말로 가장 적절한 것은?

In the Myers-Briggs personality test, there are two ways of taking in information and interpreting the world. Sensing types rely upon their five senses and focus on what is real, concrete, and certain. It is therefore unsurprising that those with sensing personality types are cognizant of their surroundings, learn best from hands-on experience, and place a great deal of value on facts and details, which they employ to inform their decisions. ____(A)____, intuitive types may not remember the specifics of their experiences and associate past events with feelings or impressions. They are more abstract and, although they also depend on the information they receive from their senses, they do not take it at face value. ____(B)____, they determine meaning by reading between the lines and trying to identify patterns to see how ideas and situations are connected.

	(A)	(B)
①	In contrast	Otherwise
②	Furthermore	Rather
③	On the other hand	Instead
④	Consequently	Nevertheless

해설

(A) 빈칸 앞 문장은 감각 유형의 사람들이 실제 경험으로부터 가장 잘 학습하고 사실과 세부 사항에 상당한 가치를 둔다는 내용이고, 빈칸이 있는 문장은 직관 유형의 사람들이 경험의 세부 내용을 기억하기보다는 과거의 사건을 느낌이나 인상과 연관시킨다는 대조적인 내용이다. 따라서 (A)에는 대조를 나타내는 연결어인 On the other hand(반면에)가 들어가야 한다. (B) 빈칸 앞 문장은 직관 유형의 사람들이 감각으로부터 받는 정보를 액면 그대로 받아들이지 않는다는 내용이고, 빈칸이 있는 문장은 그들(직관 유형의 사람)은 관념과 상황이 어떻게 연결되어 있는지를 알기 위해 패턴을 찾으려고 노력한다는 내용이므로, (B)에는 양보를 나타내는 연결어인 Instead(대신에)가 들어가야 한다. 따라서 ③번이 정답이다.

해석

마이어스-브리그스 성격 테스트에는, 정보를 받아들이고 세상을 해석하는 두 가지 방법이 있다. 감각 유형의 사람들은 그들의 오감에 의존하며 현실적이고, 구체적이며, 확실한 것에 초점을 맞춘다. 따라서 감각 성격 유형을 가진 사람들이 그들 주변 환경을 인식하고 있으며, 실제 경험으로부터 가장 잘 학습하고, 사실과 세부 사항에 상당한 가치를 두며, 그들의 결정을 알리기 위

해 사용한다는 점은 놀랍지 않다. (A) 반면에, 직관 유형의 사람들은 경험의 세부 내용을 기억하지 못할 수 있으며 과거의 사건을 느낌이나 인상과 연관시킬 수 있다. 감각으로부터 받는 정보에 의존하기는 하지만, 그들은 좀 더 추상적이며, 그것(정보)을 액면 그대로 받아들이지 않는다. (B) 대신에, 그들은 숨겨진 의미를 파악하고 관념과 상황이 어떻게 연결되어 있는지를 알기 위해 패턴을 찾으려고 노력함으로써 의미를 알아낸다.

	(A)	(B)
①	대조적으로	그렇지 않으면
②	게다가	오히려
③	반면에	대신에
④	결과적으로	그럼에도 불구하고

어휘

interpret 해석하다, 이해하다 concrete 구체적인, 사실에 의거한
cognizant 인식하고 있는 surroundings 주변 환경
hands-on 실제의, 직접적인 intuitive 직관의 specifics 세부 내용
associate A with B A를 B와 연관시키다 abstract 추상적인, 관념적인
at face value 액면 그대로
read between the lines 숨겨진 의미를 파악하다 identify 찾다, 발견하다

구문분석

[4행] It is therefore unsurprising / that those with sensing personality types are cognizant of their surroundings, / learn best from hands-on experience, / and place a great deal of value on facts and details, / which they employ to inform their decisions.

: 이처럼 that절로 된 긴 진짜 주어를 대신해 가짜 주어 it이 쓰인 경우, 가짜 주어 it은 해석하지 않고 뒤에 있는 진짜 주어 that절(that those ~ their decisions)을 가짜 주어 it의 자리에 넣어 '~하는 것은'이라고 해석한다.

20 독해 빈칸 완성 - 구   난이도 중 ●●○

밑줄 친 부분에 들어갈 말로 가장 적절한 것은?

> Most of us choose friends based on how compatible their personalities seem to be with our own, intentionally seeking out others with whom we have interests in common. However, there may be another consideration, one _____ that we are not even apprised of. A recent study indicates that people who are genetically similar are more likely to become friends. Researchers found that the participants who formed friendships with each other shared many genetic markers compared to those who did not. Genetic similarities even appeared to be more influential than looks or cultural backgrounds. This demonstrates that we are drawn to those who have a genetic makeup analogous to our own without knowing it.

① discovered a long time ago

② of little consequence

③ more obvious than others

④ on a subconscious level

해설

빈칸 뒷부분에서 유전적으로 유사한 사람들이 친구가 될 가능성이 높다는 것을 보여 주는 연구를 소개하며, 외모나 문화적 배경과 같이 우리가 인지할 수 있는 요인 외에 우리는 자신도 모르는 사이에 우리와 유사한 유전자 구성을 가진 사람들에게 끌린다는 내용을 서술하므로, 빈칸에는 얼마나 성격이 잘 맞아 보이는지 외의 또 다른 고려 사항은 우리가 알지도 못하는 '④ 잠재의식 수준에 있는' 것이라는 내용이 들어가야 한다.

해석

우리 대부분은 그들(친구)의 성격이 우리 자신의 성격과 얼마나 잘 맞아 보이는지를 기준으로 친구를 선택하며, 의도적으로 공통의 관심사를 가진 다른 사람들을 찾아낸다. 그러나, 또 다른 고려 사항이 있을 수 있는데, 이는 우리가 알지도 못하는 잠재의식 수준에 있는 것이다. 최근 연구는 유전적으로 유사한 사람들이 친구가 될 가능성이 더 높다는 것을 보여 준다. 연구원들은 서로 우정을 맺은 참가자들이 그렇지 않은 참가자들에 비해 많은 유전자 표지를 공유한다는 것을 발견했다. 유전적 유사성은 심지어 외모나 문화적 배경보다 더 영향력이 큰 것으로 나타났다. 이것은 우리가 자신도 모르는 사이에 우리와 유사한 유전자 구성을 가진 사람들에게 끌린다는 것을 입증한다.

① 오래전에 발견된

② 거의 중요치 않은

③ 다른 것들보다 더 분명한

④ 잠재의식 수준에 있는

어휘

compatible 잘 맞는, 사이좋게 지낼 수 있는   **intentionally** 의도적으로
seek out ~을 찾아내다   **be apprised of** ~을 알다, 통지받다
indicate 보여 주다, 나타내다   **genetically** 유전적으로   **marker** 표지, 표시
demonstrate 입증하다   **draw** 끌다, 끌어당기다   **analogous** 유사한
of consequence 중요한   **obvious** 분명한   **subconscious** 잠재의식의

❯ 실전모의고사 분석 & 셀프 체크

제6회 난이도	하	제1회 합격선	18 / 20문제	권장 풀이시간	25분
체감 난이도		맞힌 개수	/ 20문제	실제 풀이시간	/ 25분

* 시험지 첫 페이지 상단의 QR 코드 스캔을 통해 좀 더 자세한 성적 분석 서비스 사용이 가능합니다.

❯ 정답

01	02	03	04	05	06	07	08	09	10
③	①	③	①	④	②	①	④	②	④
11	12	13	14	15	16	17	18	19	20
④	②	③	②	③	②	③	③	④	③

❯ 취약영역 분석표

영역	어휘	문법	생활영어	독해	TOTAL
맞힌 답의 개수	/ 2	/ 3	/ 2	/ 13	/ 20

---

01 어휘 compatible   난이도 중 ●●○

밑줄 친 부분에 들어갈 말로 가장 적절한 것을 고르시오.

> The various computer systems in use made the creation of a shared network difficult. Therefore, programmers developed a new language with which all computers are _____.

① unique 독특한   ② confused 혼란스러운
③ compatible 호환되는   ④ competitive 경쟁력 있는

해석

사용 중인 다양한 컴퓨터 시스템으로 인해 공유 네트워크를 만드는 것이 어려웠다. 따라서 프로그래머들은 모든 컴퓨터가 호환되는 새로운 언어를 개발했다.

이것도 알면 합격!

compatible(호환되는)의 유의어
= adaptable, interoperable

---

02 어휘 unravel   난이도 중 ●●○

밑줄 친 부분에 들어갈 말로 가장 적절한 것을 고르시오.

> The tapestry's threads were bound so tightly together that a small cut caused the fabric to _____ instantly.

✓① unravel 풀리다   ② shrink 줄어들다
③ harden 단단해지다   ④ connect 연결되다

해석

태피스트리의 실들이 서로 너무 단단히 엮여 있어서 작은 칼집으로도 천이 즉시 풀렸다.

어휘

thread 실 bind 묶다 fabric 천 instantly 즉시

이것도 알면 합격!

unravel(풀리다)의 유의어
= untangle, unknot, unwind

---

03   문법 관계절   난이도 하 ●○○

밑줄 친 부분에 들어갈 말로 가장 적절한 것을 고르시오.

> The archive _____ historical documents are stored
> contains invaluable records for researchers in the field of
> anthropology.

① that   ② which
③ where   ④ what

해설

③ 관계절 자리와 쓰임 | 관계부사와 관계대명사 비교 빈칸은 절을 이끌어 앞의 선행사(The archive)를 수식하는 형용사 역할을 하는 것의 자리로, 관계절이 와야 하므로 명사절 접속사 ④ what은 정답이 될 수 없다. 또한, 빈칸 뒤에 완전한 절(historical documents are stored)이 왔으므로 완전한 절을 이끌 수 없는 관계대명사 ① that과 ② which도 정답이 될 수 없다. 따라서 완전한 절을 이끄는 관계부사 ③ where가 정답이다. 참고로, that을 완전한 절을 이끌 수 있는 명사절 접속사로 보더라도 명사절은 명사(The archive)를 뒤에서 수식할 수 없으므로 정답이 될 수 없다.

해석

역사적인 문서들이 보관된 기록 보관소는 인류학 분야의 연구자들에게 귀중한 기록을 포함하고 있다.

어휘

archive 기록 보관소   invaluable 귀중한   record 기록
anthropology 인류학

🏋 이것도 알면 합격!

관계부사는 '전치사 + 관계대명사' 형태로 바꾸어 쓸 수 있다는 것을 알아두자.

ex The book where(= in which) I found the information is on the shelf. 내가 그 정보를 찾은 책은 선반에 있다.

04   문법 시제   난이도 중 ●●○

밑줄 친 부분 중 어법상 옳지 않은 것을 고르시오.

> Bee pollen ① was called nature's multivitamin since
>   → has been called
> Hippocrates first prescribed it over two thousand years ago.
> It is recommended by herbalists today ② so that patients
> can boost immunity and reduce inflammation. Despite
> its long use, doubt remains about how effective ③ it is. In
> fact, concrete evidence is lacking both in human trials and
> ④ within digital model testing.

해설

① 시제 일치 현재완료 시제와 자주 함께 쓰이는 시간 표현 since가 왔고, 문맥상 '처음 처방한 이래로 자연의 종합 비타민이라고 불려 왔다'라는 의미로 과거에 시작된 일이 현재까지 계속되고 있음을 표현하는 것이 알맞으므로, 과거 시제 was called를 현재완료 시제 has been called로 고쳐야 한다. 참고로, 문맥상 주어와 동사가 '꿀벌 꽃가루는 불려 왔다'라는 의미의 수동 관계이므로 수동태가 쓰였다.

[오답 분석]

② 부사절 접속사 2: 기타 문맥상 '면역력을 높이고 염증을 줄일 수 있도록 권장한다'라는 의미가 되어야 자연스러운데, '~하도록'은 부사절 접속사 so that으로 나타낼 수 있으므로 so that이 올바르게 쓰였다.

③ 의문문의 어순 의문문이 다른 문장 안에 포함된 간접 의문문은 '의문사 + 주어 + 동사'의 어순이 되어야 하므로 how effective 뒤에 it is가 올바르게 쓰였다.

④ 병치 구문 상관접속사(both A and B)로 연결된 병치 구문에서는 같은 구조끼리 연결되어야 하는데, and 앞에 전치사구 in human trials가 왔으므로 and 뒤에도 전치사구가 와야 한다. 따라서 전치사구 within digital model testing이 올바르게 쓰였다.

해석

꿀벌 꽃가루는 2,000여 년 전 히포크라테스가 처음 처방한 이래로 자연의 종합 비타민이라고 불려 왔다. 오늘날 약초 치료사들은 환자들이 면역력을 높이고 염증을 줄일 수 있도록 그것(꽃가루)을 권장한다. 오랜 사용에도 불구하고, 그것이 얼마나 효과적인지에 대해서는 의문이 남아 있다. 실제로, 인체 실험과 디지털 모델 테스트 모두에서 구체적인 증거가 부족하다.

어휘

pollen 꽃가루, 화분   prescribe 처방하다   herbalist 약초 치료사
immunity 면역력   inflammation 염증   doubt 의문, 의혹
concrete 구체적인   evidence 증거

🏋 이것도 알면 합격!

과거, 현재, 현재완료, 미래·미래완료 시제와 함께 자주 쓰이는 시간 표현을 알아 두자.

과거	yesterday 어제 last + 시간 표현 지난 ~에
	시간 표현 + ago ~ 전에
	by the time + 주어 + 과거 동사 ~했을 때쯤에
현재	usually 보통 always 항상
	often 자주 generally 보통
	each month(year) 매월(매해)
현재완료	yet 아직 so far 지금까지
	since + 과거 시간 표현 ~ 이래로
	over/for + 시간 표현 ~ 동안
미래 · 미래완료	tomorrow 내일 next + 시간 표현 다음 ~에
	by/until + 미래 시간 표현 ~까지
	*단, until은 미래완료와 함께 쓰이지 않는다.
	by the time + 주어 + 현재 동사 ~할 때쯤에

05 문법 명사절
난이도 중 ●●○

밑줄 친 부분 중 어법상 옳지 않은 것을 고르시오.

Gentrification is starting to ① be blamed for displacing low-income people. Gentrification entails ② renovating homes and businesses. Low-income neighborhoods located near central business districts are ideal for redevelopment and considered ③ attractive to highly-paid workers who then occupy the area. This pushes out the low-income residents, and it's ultimately different from ④ which city officials were expecting.
→ what

해설

④ **명사절 접속사 3: 의문사** 문맥상 '시 관계자들이 기대했던 것'이라는 의미가 되어야 자연스럽고, '시 관계자들이 기대했던 것'에 대한 범위가 특정하게 정해지지 않았기 때문에 가리키는 대상에 대한 범위가 특정하게 정해져 있을 때 쓰일 수 있는 의문대명사 which를 의문대명사 what으로 고쳐야 한다.

[오답 분석]
① **to 부정사의 형태** 주어(Gentrification)와 to 부정사가 '젠트리피케이션이 비난을 받다'라는 의미의 수동 관계이므로, to 부정사의 수동형을 완성하는 be blamed가 올바르게 쓰였다.
② **동명사를 목적어로 취하는 동사** 동사 entail은 동명사를 목적어로 취할 수 있으므로 동명사 renovating이 올바르게 쓰였다.
③ **5형식 동사의 수동태** 목적격 보어를 취하는 5형식 동사(consider)가 수동태(are considered)가 되면 목적격 보어 attractive는 수동태 동사 뒤에 그대로 남아야 하므로 attractive가 올바르게 쓰였다.

해석

젠트리피케이션이 저소득층 사람들을 쫓아낸다는 비난을 받기 시작했다. 젠트리피케이션은 집과 사업체를 개조하는 것을 수반한다. 중심 상업 지구 근처에 위치해 있는 저소득층 지역은 재개발의 이상적인 후보지이며 이후에 그 지역을 차지하는 고임금의 근로자들에게 매력적으로 여겨진다. 이는 저소득층 주민들을 몰아내고, 그것은 궁극적으로 시 관계자들이 기대했던 것과는 다르다.

어휘

displace (살던 곳에서) 쫓아내다 entail 수반하다
renovate 개조하다, 보수하다 ideal 이상적인 occupy 차지하다
push out ~를 몰아내다 ultimately 궁극적으로

이것도 알면 합격!

목적격 보어가 동사원형인 5형식 동사가 수동태가 되는 경우, 목적격 보어는 to 부정사가 되어 수동태 동사 뒤에 남는다는 것을 알아 두자.

(ex) She made the children wash the dishes.
　　 동사　목적어　　목적격 보어(동사원형)
그녀는 아이들이 설거지를 하도록 했다.

→ The children were made to wash the dishes.
　　　　　　　　동사　　목적격 보어(to 부정사)
아이들이 설거지를 하게 됐다.

06 생활영어 How many people will be in your group?
난이도 하 ●○○

밑줄 친 부분에 들어갈 말로 가장 적절한 것을 고르시오.

 Caleb Sanders
Good afternoon. I'd like to schedule a pickup from the airport for tomorrow morning.
5:30 p.m.

Lisa Poe
Certainly. I can help you with that. When will you be arriving?
5:31 p.m.

 Caleb Sanders
Our flight arrives at 10:15 a.m., but we will have to wait to get our bags.
5:33 p.m.

Lisa Poe
_____
_____
5:34 p.m.

 Caleb Sanders
It will be me, my wife, and our three children.
5:35 p.m.

Lisa Poe
OK. In that case, I will reserve a van for you. It has room for up to six passengers and their luggage.
5:37 p.m.

① Can you tell me your flight number?
② How many people will be in your group?
③ Do any of the passengers require additional assistance?
④ Would you like the driver to meet you at baggage claim?

해설

공항에서 픽업을 예약하는 Caleb에게 Lisa가 언제 도착하는지 묻자 오전 10시 15분에 도착한다고 대답하고, 빈칸 뒤에서 다시 Caleb이 It will be me, my wife, and our three children(저와 아내, 그리고 아이 세 명입니다)이라고 말하고 있으므로, 빈칸에는 '② 일행은 몇 분이신가요?(How many people will be in your group?)'가 오는 것이 자연스럽다.

해석

Caleb Sanders: 안녕하세요. 내일 아침 공항에서 픽업을 예약하고 싶어요.
Lisa Poe: 물론이죠. 제가 도와드릴 수 있습니다. 언제 도착하시나요?
Caleb Sanders: 저희 비행기는 오전 10시 15분에 도착하지만, 짐을 찾느라 기다려야 할 것입니다.
Lisa Poe: 일행은 몇 분이신가요?
Caleb Sanders: 저와 아내, 그리고 아이 세 명입니다.
Lisa Poe: 알겠습니다. 그렇다면, 밴을 예약해 드리겠습니다. 최대 6명의 승객과 짐을 실을 수 있는 공간이 있습니다.

① 항공편 번호를 알려 주시겠어요?

② 일행은 몇 분이신가요?

③ 승객 중 추가 도움이 필요한 분이 계신가요?

④ 기사님이 수하물 찾는 곳에서 만나 뵙기를 원하시나요?

어휘

assistance 도움, 지원   baggage claim 수하물 찾는 곳

이것도 알면 합격!

교통편 마련할 때 사용할 수 있는 표현을 알아 두자.

- I'd like to book a car/taxi/airport shuttle for that date.
  그 날짜에 차량/택시/공항 셔틀을 예약하고 싶습니다.
- Can I schedule a pickup from the airport to my hotel?
  공항에서 호텔까지 픽업을 예약할 수 있나요?
- I need transportation to get there.
  그곳으로 가는 교통편이 필요합니다.

07 생활영어 No. You know how lazy I am. 난이도 하 ●○○

밑줄 친 부분에 들어갈 말로 가장 적절한 것을 고르시오.

A: How about taking a yoga class at the gym?

B: No, most of them are offered too early in the morning.

A: Have you ever considered doing yoga at home then? You could do it whenever it's convenient for you.

B: _____

A: You just need to have more willpower and stick to it.

B: You're probably right. Maybe I'll give it a try.

① No. You know how lazy I am.

② Yes. It's on my daily to-do list.

③ No. The gym is already closed.

④ Yeah. How many times did you try?

해설

체육관에서 하는 요가 수업은 너무 이른 아침에 한다는 B의 말에 A가 그럼 집에서 요가를 하는 건 생각해 본 적이 있는지 묻고, 빈칸 뒤에서 다시 A가 You just need to have more willpower and stick to it(단지 더 강한 의지력을 가지고 그걸 계속하기만 하면 돼)이라고 말하고 있으므로, 빈칸에는 '① 아니. 내가 얼마나 게으른지 너도 알잖아(No. You know how lazy I am)'가 오는 것이 자연스럽다.

해석

A: 체육관에서 요가 수업을 듣는 게 어때?

B: 안 돼, 수업 대부분이 너무 이른 아침에 해.

A: 그럼 집에서 요가를 하는 건 생각해 본 적 있어? 네가 편할 때 언제 든지 할 수 있어.

B: 아니. 내가 얼마나 게으른지 너도 알잖아.

A: 단지 더 강한 의지력을 가지고 그걸 계속하기만 하면 돼.

B: 네 말이 맞을지도 몰라. 한번 시도해 볼게.

① 아니. 내가 얼마나 게으른지 너도 알잖아.

② 응. 그건 내 일일 해야 할 일 목록에 있어.

③ 아니. 체육관은 이미 문을 닫았어.

④ 응. 너는 몇 번이나 시도해 봤어?

어휘

willpower 의지력   stick to (어려움을 참고) ~을 계속하다

이것도 알면 합격!

제안하거나 제안을 받아들일 때 사용할 수 있는 표현을 알아 두자.

- Why don't you try this?
  이걸 시도해보는 게 어때?
- How about doing this instead?
  대신 이걸 하는 것이 어때?
- Have you thought about this option?
  이 선택지에 대해 생각해보았어?
- I would recommend this.
  나라면 이걸 추천하겠어.
- What do you think I should do?
  내가 무엇을 하는 것이 좋겠다고 생각해?
- If you were me, what would you do?
  네가 나라면, 어떻게 할래?

08~09 다음 글을 읽고 물음에 답하시오.

To	FunFlix Subscribers
From	FunFlix Customer Service
Date	November 17
Subject	A Special Notice

Dear FunFlix Customer,

Our records indicate that [08]you have recently used FunFlix's new service. I am writing to you today to hear your thoughts.

[08]Getting feedback about the new service will allow us to improve and provide you a better customer service experience. [08]If you would like to help, please click the [REVIEW] link here. The questions should take no more than 10 minutes to complete. All responses will be kept anonymous, so please answer honestly without worry.

FunFlix thanks you for any feedback you can provide about your experience. To show our appreciation, we will provide a code for one free month of service once you [09]conclude the questionnaire. We look forward to your response and to continuing to provide you great service.

Sincerely,
FunFlix Customer Service

해석

받는 사람: FunFlix 구독자
보낸 사람: FunFlix 고객 서비스
날짜: 11월 17일
제목: 특별 안내문

FunFlix 고객님께,

저희 기록에 따르면 고객님께서 최근 FunFlix의 새로운 서비스를 이용하셨습니다. 고객님의 생각을 듣고자 오늘 이 글을 씁니다.

저희는 새로운 서비스에 관한 의견을 받으면 개선해서 더 나은 고객 서비스 경험을 제공해 드릴 수 있습니다. 도움을 주고 싶으시면, 여기에서 [리뷰] 링크를 클릭해 주세요. 질문을 완료하는 데 10분 이상 걸리지 않을 것입니다. 모든 답변은 익명으로 처리될 것이므로, 걱정하지 마시고 솔직하게 답변해 주세요.

FunFlix는 고객님의 경험에 관해 제공해 주실 수 있는 모든 의견에 감사드립니다. 감사를 표하기 위해, 설문지를 완료하시면 한 달 무료 서비스 코드를 제공해 드리겠습니다. 고객님의 답변을 기대하며 앞으로도 훌륭한 서비스를 제공해 드릴 수 있기를 바랍니다.

진심으로,
FunFlix 고객 서비스

어휘

indicate 나타내다   anonymous 익명인   honestly 솔직하게
conclude 완료하다, 끝내다   questionnaire 설문지

08 독해 목적 파악   난이도 하 ●○○

윗글의 목적으로 가장 적절한 것은?
① 접수된 고객 의견에 답변하려고
② 자주 발생하는 서비스 문제의 해결책을 안내하려고
③ 새로 도입된 서비스를 공지하려고
④ 서비스 이용 후기를 요청하려고

해설

지문 처음에서 새로운 서비스를 이용한 고객의 생각을 듣고자 글을 쓴다고 하고, 지문 중간에서 도움(의견 제시)을 주고 싶으면 [리뷰] 링크를 클릭해 달라고 요청하고 있으므로, '④ 서비스 이용 후기를 요청하려고'가 이 글의 목적이다.

09 독해 유의어 파악   난이도 하 ●○○

밑줄 친 conclude의 의미와 가장 가까운 것은?
① determine 결정하다   ② finish 끝내다
③ develop 발전시키다   ④ arrange 마련하다

해설

밑줄 친 부분이 포함된 문장에서 conclude는 설문지를 '완료하다'라는 의미로 쓰였으므로, '끝내다'라는 의미의 ② finish가 정답이다.

10~11 다음 글을 읽고 물음에 답하시오.

(A)

11-①Join us for the first annual Midsummer Festival, 11-②hosted by the Swedish Cultural Center! 10Celebrate this Swedish holiday right here in Buford and enjoy traditional food, games, and music from this beautiful Scandinavian nation.

Details
- **Dates**: Saturday, June 14
- **Times**: 4:00 p.m. – 9:00 p.m.
- **Location**: Buford Community Park

Attractions
- **Swedish Cuisine**
Sample Midsummer festival delicacies like pickled herring, salmon, potato dishes, and strawberry cream cake.

- **Traditional Activities**
Make your own floral crown, then join in on lawn games and 11-③dance around the Maypole to the tunes of Swedish folk songs.

Due to the expected turnout, we highly recommend using public transportation for your visit. For those arriving by car, 11paid parking garages are available at the north end of the park.

해석

(A) 문화 행사에 참여해 보세요

스웨덴 문화 센터가 주최하는 첫 번째 연례 한여름 축제에 참여하세요! 바로 이곳 Buford에서 이 스웨덴의 축제일을 기념하고 이 아름다운 스칸디나비아 국가의 전통 음식, 게임, 음악을 즐기세요.

세부 사항
- 날짜: 6월 14일 토요일
- 시간: 오후 4:00 – 오후 9:00
- 장소: Buford 지역 공원

주요 행사
- 스웨덴 요리

청어 절임, 연어, 감자 요리, 딸기 크림 케이크와 같은 한여름 축제의 별미를 시식해 보세요.

- 전통 활동

나만의 꽃 왕관을 만든 다음, 잔디밭 게임에 참여하고 스웨덴 민요의 가락에 맞춰 메이폴 주변에서 춤을 춰 보세요.

예상 참여율로 인해, 방문 시 대중교통을 이용하는 것을 강력히 권장합니다. 차량으로 도착하는 분들은, 공원 북쪽 끝에 있는 유료 주차장을 이용하실 수 있습니다.

어휘

sample 시식하다, 맛보다 delicacy 별미 pickled 식초에 절인
herring 청어 floral 꽃으로 만든
Maypole 메이폴(꽃·리본 따위로 장식한 5월제의 기둥) folk song 민요
turnout 참가자의 수

---

10 독해 제목 파악　　　난이도 하 ●○○

(A)에 들어갈 윗글의 제목으로 가장 적절한 것은?

① Attend a Concert at a Community Center
② Visit Buford's Newest Swedish Restaurant
③ Learn about Scandinavian History
④ Take Part in a Cultural Event

해설

지문 처음에서 스웨덴의 축제일을 기념하고 아름다운 스칸디나비아 국가의 전통 음식, 게임, 음악을 즐길 것을 권유하고 있으므로, '④ 문화 행사에 참여해 보세요'가 이 글의 제목이다.

해석

① 지역 문화 센터에서 콘서트를 관람해 보세요
② Buford의 최신 스웨덴 식당을 방문해 보세요
③ 스칸디나비아의 역사에 관해 배워 보세요
④ 문화 행사에 참여해 보세요

어휘

take part in ~에 참여하다

---

11 독해 내용 불일치 파악　　　난이도 중 ●●○

Midsummer Festival에 관한 윗글의 내용과 일치하지 않는 것은?

① 올해 처음으로 개최된다.
② 문화 단체에서 주최한다.
③ 춤출 수 있는 공간이 있다.
④ 행사장 근처에 무료 주차장이 있다.

해설

지문 마지막에서 차량으로 도착하는 분들은 공원 북쪽 끝에 있는 유료 주차장을 이용할 수 있다고 했으므로, '④ 행사장 근처에 무료 주차장이 있다'는 것은 지문의 내용과 일치하지 않는다.

---

12 독해 제목 파악　　　난이도 하 ●○○

다음 글의 제목으로 가장 적절한 것은?

Rising sea levels as a result of global warming are threatening a 10,000-square-kilometer area of mangrove swampland along the southern coast of Bangladesh called the Sundarbans that is home to some of the last remaining Bengal tigers, according to recent projections by the United Nations. Bengal tigers, which were once abundant across the Indian subcontinent, have seen their numbers decrease by 96% in the last few centuries due to human activity. Today, poaching has restricted the tiger population mainly to the Sundarbans, making it particularly susceptible to environmental change, as about three-quarters of the land there has an elevation of only a few feet. Researchers believe that this will dramatically affect the low-lying area of the Sundarbans, making it uninhabitable. "Unless more is done to protect the Sundarbans, there will be no habitable area left for Bengal tigers by 2070," said study authors in *Science of the Total Environment*.

① Sea Levels in the Sundarbans Are Rising
② Loss of the Sundarbans Impacting Bengal Tigers
③ How Bangladesh Is Coping with Climate Change
④ Banning Poaching to Save Tigers Throughout India

해설

지문 처음에서 지구 온난화의 결과로 인한 해수면 상승이 순다르반이라고 불리는 벵골 호랑이의 서식지를 위협하고 있다고 하고, 지문 마지막 부분에서 저지대라 환경 변화에 특히 취약한 순다르반을 보호하기 위해 더 많은 조치가 취해지지 않으면 2070년에는 벵골 호랑이가 살 수 있는 지역이 남지 않을 것이라고 설명하고 있다. 따라서 '② 벵골 호랑이에게 영향을 미치는 순다르반의 소실'이 이 글의 제목이다.

해석

유엔의 최근 예측에 따르면, 지구 온난화의 결과로 인한 해수면 상승이 순다르반이라고 불리는 방글라데시 남부 해안을 따라 1만 제곱킬로미터에 달하는 맹그로브 습지대를 위협하고 있는데, 이곳은 마지막 남은 일부 벵골 호랑이의 서식지이다. 한때 인도 아대륙 전역에 풍부했던 벵골 호랑이는 인간의 활동으로 인해 지난 수 세기 동안 그 수가 96퍼센트까지 감소했다. 오늘날, 밀렵은 그 호랑이 개체군(벵골 호랑이)을 대부분 순다르반 지역으로 제한해왔고, 이는 그것(벵골 호랑이 개체군)을 환경 변화에 특히 취약하게 만드는데, 그곳 땅의 약 4분의 3이 고도가 몇 피트에 불과하기 때문이다. 연구원들은 이것이 순다르반의 저지대에 크게 영향을 미쳐, 그곳(순다르반)을 살기에 적합하지 않은 곳으로 만들 것으로 생각한다. 「Science of the Total Environment」지의 연구 저자들은 "순다르반을 보호하기 위해 더 많은 조치가 취해지지 않으면, 2070년에는 벵골 호랑이가 살 수 있는 지역이 남지 않을 것이다"라고 말했다.

① 순다르반의 해수면이 상승하고 있다
② 벵골 호랑이에게 영향을 미치는 순다르반의 소실
③ 방글라데시는 어떻게 기후 변화에 대처하는가
④ 인도 전역의 호랑이를 구하기 위한 밀렵 금지

어휘

swampland 습지대 projection 예측, 예상 abundant 풍부한
subcontinent 아(亞)대륙 poach 밀렵하다 restrict 제한하다, 한정하다
susceptible 취약한, 민감한 elevation 고도, 해발 높이
dramatically 크게, 극적으로 low-lying 저지대의, (땅이) 낮은
uninhabitable 살기에 적합하지 않은 cope with ~에 대처하다

---

13 독해 내용 일치 파악 난이도 중 ●●○

다음 글의 내용과 일치하는 것은?

> Approximately ①one year following the start of the American Civil War, on May 20, 1862, President Lincoln signed the Homestead Act. This was an important piece of legislation that offered ②all US citizens, as well as people intending to become citizens, up to 160 acres of unoccupied federal land if they followed certain procedures: they had to pay a filing fee of about $18, they were expected to build a home, plant crops, and live on their plots for five years, and they had to pay an additional small fee to gain full ownership of the land after fulfilling these requirements. Though many homesteaders were unsuccessful, over 27 million acres of US land were claimed and settled this way until ④the act was repealed in the mid-1970s.

① Lincoln authorized the Homestead Act before the war.
② Only chosen US citizens could use the land program.
③ People had to reside on properties to become landowners.
④ The land settlement legislation was reformed in the 1970s.

해설

지문 중간에서 특정 절차를 따를 경우 연방 토지를 제공받을 수 있다고 했고 그 절차 가운데 하나로 대지에서 5년 동안 살도록 요구되었다고 했으므로, '③ 사람들은 토지 소유자가 되기 위해 부동산에 거주해야 했다'는 것은 지문의 내용과 일치한다.

[오답 분석]
① 지문 처음에서 링컨 대통령은 남북 전쟁이 시작된 지 약 1년 후에 자영 농지법에 서명했다고 했으므로, 링컨이 전쟁 이전에 자영 농지법을 승인했다는 것은 지문의 내용과 다르다.
② 지문 중간에서 자영 농지법은 시민이 되고자 하는 사람들은 물론 모든 미국 시민들에게 특정 절차를 따를 경우 연방 토지를 제공하는 법안이라고 했으므로, 선택받은 미국 시민만이 토지 프로그램을 사용할 수 있었다는 것은 지문의 내용과 다르다.
④ 지문 마지막에서 1970년대 중반에 자영 농지법이 폐지되었다고 했지만, 법안이 이 시기에 개정되었는지는 알 수 없다.

해석

미국 남북 전쟁이 시작된 지 약 1년 후인 1862년 5월 20일에, 링컨 대통령은 자영 농지법에 서명했다. 이것은 시민이 되고자 하는 사람들뿐만 아니라 모든 미국 시민들에게, 만약 그들이 특정 절차를 따를 경우 비어 있는 연방 토지의 160에이커까지 제공하는 중요한 법안이었다. 그들은 약 18달러의 신청 수수료를 지불해야 했고, 그들의 대지에 집을 짓고, 농작물을 심으며, 5년 동안 살도록 요구되었으며, 그리고 그들은 이러한 요구 사항들을 이행한 후 그 토지에 대한 완전한 소유권을 얻기 위해 약간의 추가 비용을 지불해야 했다. 비록 많은 정착민들이 성공하지는 못했지만, 1970년대 중반에 이 법이 폐지될 때까지 2천7백만 에이커 이상의 미국 땅이 이러한 방식으로 요구되었고 정착이 이루어졌다.

① 링컨은 전쟁 이전에 자영 농지법을 승인했다.
② 선택받은 미국 시민만이 토지 프로그램을 사용할 수 있었다.
③ 사람들은 토지 소유자가 되기 위해 부동산에 거주해야 했다.
④ 토지 정착 법안은 1970년대에 개정되었다.

어휘

the Homestead Act 자영 농지법(서부 개척 시대에 개척 이주자들에게 공유지를 부여한 1862년의 연방법) legislation 법안, 입법 행위
acre 에이커(약 4,050제곱미터에 해당하는 크기의 땅) unoccupied 비어 있는
filing fee 신청 수수료 plot 대지, 터 fulfill 이행하다, 달성하다
homesteader (자영 농지법에 의한) 정착민 claim (권리나 자격을) 요구하다
repeal (법률을) 폐지하다 reside 거주하다 reform 개정하다, 개혁하다

14 독해 주제 파악 　　　　　　난이도 중 ●●○

다음 글의 주제로 가장 적절한 것은?

In the 1970s, the world began to abandon the post-war consensus that aimed to realign political and economic systems after World War II. This entailed rejecting the large welfare states, strong unions, heavy regulation, and high tax rates that had been implemented to protect the people from unrestrained capitalism and to build strong nations. The 'neoliberalism' of the period was a resurgence of the laissez-faire capitalism that had emerged in the 18th century. Removing regulations and focusing on the importance of free trade from the supply side greatly boosted businesses and improved the economies of countries that espoused neoliberalism, but opponents of the new system say it may not have been worth it. Giving corporate interests free rein resulted in massive increases in environmental damage, greater income disparity, and exploitation of workers. In light of this, many are now advocating for a return of at least some economic oversight by the government.

① The benefit of neoliberalism in the western world in the last century
② The dark side of unchecked capitalism and calls for re-regulating it
③ The abandonment of laissez-faire economics and the rise of the post-war consensus
④ The economic change that emerge due to protectionist policies after World War II

해설

지문 중간에서 자유방임 자본주의의 부활이라고 할 수 있는 신자유주의가 규제를 제거하고 자유 무역의 중요성에 초점을 맞춰 사업체들을 크게 신장시키고 신자유주의를 옹호하는 국가들의 경제를 향상시켰다고 했지만, 지문 마지막에서 그 이면에 환경 훼손의 엄청난 증가, 소득 격차 확대, 노동자 착취라는 결과를 낳았다고 하며 이러한 이유로 오늘날 많은 사람들이 정부에 의한 최소한의 경제적 감독이 이루어지도록 되돌아갈 것을 지지하고 있다고 설명하고 있다. 따라서 '② 억제되지 않은 자본주의의 어두운 면과 그것에 대한 재규제 요구'가 이 글의 주제이다.

해석

1970년대에, 세계는 제2차 세계 대전 이후의 정치 및 경제 체제를 재편하는 것을 목표로 하는 전후 합의를 포기하기 시작했다. 이것은 억제되지 않은 자본주의로부터 사람들을 보호하고 강한 국가를 건설하기 위해 시행되어 왔던 대규모 복지 국가, 강력한 노동조합, 엄격한 규제, 그리고 높은 세율에 대한 거부를 수반했다. 이 시기의 '신자유주의'는 18세기에 등장했던 자유방임 자본주의의 부활이었다. 규제를 제거하고 공급 측면에서 자유 무역의 중요성에 초점을 맞춘 것은 사업체들을 크게 신장시켰고, 신자유주의를 옹호하는 국가들의 경제를 향상시켰지만, 그 새로운 체제(신자유주의)의 반대자들은 그것이 가치가 없을 수도 있다고 말한다. 기업의 이익에 무제한의 자유를 주는 것은 환경 훼손의 엄청난 증가, 소득 격차 확대, 노동자 착취라는 결과를 낳았다. 이것에 비추어, 오늘날 많은 사람들은 정부에 의한 최소한 어느

정도의 경제적 감독으로 되돌아갈 것을 지지하고 있다.
① 지난 세기 서구 세계의 신자유주의의 혜택
② 억제되지 않은 자본주의의 어두운 면과 그것에 대한 재규제 요구
③ 자유방임 경제의 포기와 전후 합의 형성
④ 제2차 세계 대전 이후 보호무역주의 정책으로 인해 나타난 경제적 변화

어휘

abandon 포기하다　consensus 합의, 의견 일치
realign 재편하다, 재구성하다　entail 수반하다　unrestrained 억제되지 않은
resurgence 부활, 재기　laissez-faire 자유방임주의　capitalism 자본주의
espouse 옹호하다, 지지하다　free rein 무제한의 자유　disparity 격차
exploitation 착취　advocate 지지하다, 옹호하다　oversight 감독, 관리

15 독해 글의 감상 　　　　　　난이도 중 ●●○

다음 글에 나타난 Kristen의 심경으로 가장 적절한 것은?

Kristen sat at the kitchen table, her quivering hand over her computer's trackpad, clicking repeatedly as the clock on the wall ticked loudly behind her. She had been religiously refreshing her email since she rolled out of bed at the crack of dawn. Finally, she heard the unmistakable chime and saw a notification of one new email and her heart stopped. She looked at the sender and it was from Reed College Admissions Office, the school she had aspired to all her life. The subject line said "Official Admissions Decision," giving the moment a sense of unmatched authenticity. But she was reluctant to open it, so her mother gave her some maternal encouragement, saying, "Don't worry. You're a shoo-in." Forgetting to breathe, she clicked on the message, but as soon as it loaded on her screen, her eyes focused on two glaring words, "We're sorry." What was she going to do now?

① aloof and daring
② angered and panicked
③ dismayed and worried
④ enthusiastic and hopeful

해설

지문에서 Kristen이 평생 입학을 열망했던 대학으로부터의 합격 통지가 있던 날 떨리는 마음으로 학교에서 온 이메일을 확인해 보았으나, 화면에는 불합격을 암시하는 '죄송합니다'라는 글자가 있어 낙담하게 되었던 일화를 언급하고 있다. 따라서 '③ 낙담하고 걱정하는'이 이 글에 나타난 화자의 심경으로 적절하다.

[오답 분석]

② 평생 열망했던 대학으로부터 온 합격 여부 통지서에서 불합격을 암시하는 말을 보고 낙담했지만, 화를 내고 겁에 질려 하는 모습은 지문에 나타나지 않았다.

해석

Kristen은 그녀의 떨리는 손을 컴퓨터의 트랙패드 위에 둔 채로 부엌 테이블에 앉아, 그녀 뒤에 있는 벽에 걸린 시계가 큰 소리로 째깍거리듯이 반복적으로 클릭했다. 그녀는 새벽녘에 침대에서 벌떡 일어난 이후로 어김없이 그녀의 이메일함을 새로 고침 했다. 마침내, 그녀는 틀림없는 차임벨 소리를 들었고 한 통의 새 이메일 알림을 보자 심장이 멈췄다. 그녀는 보낸 사람을 확인했고 그것은 그녀가 평생 열망했던 학교인, Reed College 입학처에서 보내온 것이었다. 제목에는 '공식 입학 결정'이라고 적혀 있어, 필적할 수 없는 신뢰성을 느끼게 했다. 하지만 그녀는 그것을 열어 보길 주저했고, 그러자 그녀의 어머니는 "걱정 마. 너는 분명 합격할 거야."라고 말하며 어머니다운 격려를 했다. 숨을 쉬는 것도 잊은 채 그녀는 그 메시지를 눌렀지만, 그것이 화면에 뜨자마자 그녀의 시선은 '죄송합니다'라는 확연한 두 글자에 집중됐다. 그녀는 이제 무엇을 해야 하는가?

① 초연하고 대담한
② 화가 나고 겁에 질려 어쩔 줄 모르는
③ 낙담하고 걱정하는
④ 열정적이고 희망에 찬

어휘

quivering 떨리는 tick 째깍거리다 religiously 어김없이
crack of dawn 새벽녘 unmistakable 틀림없는
aspire 열망하다, 염원하다 unmatched 필적할 수 없는, 타의 추종을 불허하는
authenticity 신뢰성, 확실성 reluctant 주저하는, 꺼리는
maternal 어머니다운 shoo-in 분명 합격할 사람 glaring 확연한, 두드러진
aloof 초연한, 냉담한 daring 대담한, 위험한 angered 화가 난
panic 겁에 질려 어쩔 줄 모르다 dismayed 낙담한 enthusiastic 열정적인

16 독해 무관한 문장 삭제 난이도 하 ●○○

다음 글의 흐름상 어색한 문장은?

Somatic symptom disorder (SSD) causes patients to experience unexplainable bodily problems. ① French physician Paul Briquet was the first to note three common factors in patients with the disorder. The first is that they had been sickly for years. ② SSD problems affect about 5 percent of the adult population. The second common factor is that the symptoms are not confined to one bodily system. ③ Many complaints involve areas of the body or processes that would not be simultaneously affected by a single problem. ④ Patients may, for example, think their chest pains are caused by both breathing and eating. The third aspect of SSD is that the symptoms are persistent and uncurable despite various treatments.

해설

지문 앞부분에서 신체 증상 장애(SSD)라는 의학적 질환을 제시한 뒤, ①번에서 이 질환은 프랑스 의사 폴 브리케가 SSD 장애를 가진 환자들의 세 가지 공통 요인을 최초로 발견했다는 지문의 주제를 제시하고 있다. 이후 첫 번째 공통 요인인 증상의 지속성, ③번에서 두 번째 공통 요인인 증상의 여러 신체 계통과의 연관성, ④번에서 두 번째 공통 요인에 대한 부연 설명을 하

고, 마지막으로 세 번째 요인인 다양한 치료를 통한 치유 불가능성을 언급하며 지문을 마무리하고 있다. 그러나 ②번은 SSD 문제들이 성인 인구의 약 5퍼센트에 영향을 미친다는 내용으로, SSD의 세 가지 공통 요인에 관한 내용과 관련이 없다.

해석

신체 증상 장애(SSD)는 환자가 설명할 수 없는 신체 문제를 겪게 한다. ① 프랑스 의사 폴 브리케는 이 장애를 가진 환자들의 세 가지 공통 요인을 최초로 발견했다. 첫 번째는 여러 해 동안 그들이 자주 아팠다는 것이다. ② SSD 문제들은 성인 인구의 약 5퍼센트에 영향을 미친다. 두 번째 공통 요인은 증상이 하나의 신체 계통에 국한되지 않는다는 것이다. ③ 많은 통증들은 한 가지 문제로 인해 동시에 영향을 받지 않을 신체 부위 또는 과정과 관련이 있다. ④ 예를 들어, 환자들은 그들의 가슴 통증이 호흡과 식사 모두에 의해 발생한다고 생각할 수 있다. SSD의 세 번째 측면은 증상이 지속적이고 다양한 치료에도 불구하고 치유할 수 없다는 것이다.

어휘

somatic 신체의, 육체의 disorder 장애 unexplainable 설명할 수 없는
sickly 자주 아픈, 병약한 confine 국한시키다 complaint 통증, 질환
simultaneously 동시에 persistent 지속적인
uncurable 치유할 수 없는, 불치의

17 독해 문장 삽입 난이도 하 ●○○

주어진 문장이 들어갈 위치로 가장 적절한 것은?

When such cavities form, entire buildings can be permanently lost or become too dangerous to access.

World Heritage Sites are monuments to our cultural tradition. However, some of them are in jeopardy, prompting UNESCO to include them in its List of World Heritage in Danger. (①) One such site is Abu Mena, the remains of a fifth-century Christian pilgrimage center located in Egypt. (②) It was added in 2001 after an agricultural development program inadvertently caused the formation of large holes surrounding its structures. (③) To avert untold loss, Egypt's government spent about $45 million adding pumps to reduce the water pressure from irrigation. (④) Despite the measures taken, Abu Mena still requires the development of a better management plan.

해설

③번 앞부분에서 아부 메나 지역의 농업 개발 프로그램이 구조물 주변에 큰 구멍들(large holes)을 형성하게 했다고 설명하고 있고, ③번 뒤 문장에서 막대한 손실을 피하고자(To avert untold loss) 펌프를 추가하는 데 많은 돈을 사용했다고 설명하고 있으므로, ③번 자리에 이러한 구멍들(such cavities)이 만들어지면 건물이 유실되거나 너무 위험해질 수 있다는 내용의 주어진 문장이 들어가야 지문이 자연스럽게 연결된다.

해석

세계 문화유산은 우리의 문화적 전통의 기념물이다. 그러나 그것들 중 일부는 위태롭게 되었고, 이는 유네스코가 세계 위험 유산 목록에 그것들을 포함하도록 촉구했다. 그러한 장소 중 하나는 이집트에 위치한 5세기 기독교 순례 중심지 유적인 아부 메나이다. 그것은 농업 개발 프로그램이 부주의로 구조물 주변에 큰 구멍들을 형성하게 한 후 2001년에 추가되었다. ③ 이러한 구멍들이 만들어지면, 건물 전체가 영구히 유실되거나 너무 위험해서 접근할 수 없게 될 수 있다. 막대한 손실을 피하고자, 이집트 정부는 관개로부터 발생하는 수압을 줄이기 위해 펌프를 추가하는 데 약 4천5백만 달러를 사용했다. 취해진 조치들에도 불구하고, 아부 메나는 오늘날에도 여전히 더 나은 관리 방침의 개발이 필요하다.

어휘

cavity 구멍 permanently 영구히, 불변으로 heritage 유산
monument 기념물 jeopardy 위험 prompt 촉구하다, 촉발하다
remains 유적 inadvertently 부주의로, 무심코 avert 피하다, 방지하다
untold 막대한 irrigation 관개

---

18 독해 문단 순서 배열 | 난이도 하 ●○○

주어진 글 다음에 이어질 글의 순서로 가장 적절한 것은?

> Jessica was exhausted when she arrived at her campsite and quickly slipped off her backpack. Out of the backpack she pulled a round bag containing her tent, tossing it to the spot where she wanted to set up camp.

> (A) It had several ropes that she didn't know what to do with. She took out the instructions and looked at them carefully.
> (B) The ropes appeared to connect to the stakes. Jessica assembled everything like in the pictures. The tent was finished. Finally, she could get a good night's sleep.
> (C) Jessica took out the tent and all of its parts. She couldn't wait to climb in and sleep for the night. She stretched the tent out on the ground.

① (A) – (B) – (C)
② (A) – (C) – (B)
③ (C) – (A) – (B) ✓
④ (C) – (B) – (A)

해설

주어진 문장에서 Jessica가 캠핑장에 도착해서 텐트가 들어 있는 둥근 가방을 꺼냈다고 한 뒤, (C)에서 텐트(the tent)와 모든 부품을 꺼내 바닥에 펼쳤다고 묘사하고 있다. 이어서 (A)에서 여러 개의 밧줄을 어떻게 해야 할지 몰라서 설명서를 살펴봤다고 하고, (B)에서 밧줄(The ropes)이 말뚝에 연결되는 것처럼 보여서 그렇게 조립했고 마침내 텐트를 완성해 숙면을 취했다는 결과를 알려 주고 있다. 따라서 ③번이 정답이다.

해석

> Jessica는 캠핑장에 도착했을 때 지쳐서 재빨리 자신의 배낭을 벗었다. 그녀는 배낭에서 텐트가 들어 있는 둥근 가방을 꺼내, 캠프를 차리고 싶은 곳으로 던졌다.

(C) Jessica는 텐트와 모든 부품을 꺼냈다. 그녀는 (텐트) 안으로 들어가 밤새 자고 싶어 견딜 수 없었다. 그녀는 텐트를 바닥에 펼쳤다.

(A) 그것에는 그녀가 무엇을 해야 할지 모르는 밧줄이 여러 개 있었다. 그녀는 설명서를 꺼내서 주의 깊게 살펴봤다.

(B) 밧줄이 말뚝에 연결되는 것처럼 보였다. Jessica는 사진에 있는 것처럼 모든 것을 조립했다. 텐트는 완성되었다. 마침내 그녀는 숙면을 취할 수 있었다.

어휘

exhausted 지친 slip off ~을 벗다 toss 던지다 rope 밧줄 stake 말뚝
assemble 조립하다

---

19 독해 빈칸 완성 – 단어 | 난이도 하 ●○○

밑줄 친 부분에 들어갈 말로 가장 적절한 것을 고르시오.

> In the fashion industry, maintaining consumer engagement requires retailers to offer products that suit their clients' specific needs. The rationale for this is elementary: there are a plethora of buying options, and merchants need to stand out. One way that online shops have done this in recent years is by adopting personalization, which is achievable through data collection and oftentimes comes in the form of product recommendations or special emails offering curated content. The idea behind personalization is simple—shoppers want to save time and find exactly what they are looking for. Therefore, websites draw from cached data regarding a shopper's past searches, which makes it possible to display products that are _____. (An algorithm analyzes the data collected to predict the shopper's buying proclivities.) Thus, online shoppers find, compare, and purchase products more quickly.

① unexpected
② remote
③ pervasive
④ tailored ✓

해설

지문 중간에서 온라인 상점들이 소비자에게 눈에 띄기 위해 채택한 한 가지 방법인 개인화가 정보 수집을 통해 달성될 수 있다고 한 후, 쇼핑객은 시간을 절약하고 원하는 것을 정확히 찾아내길 바란다고 설명하고 있다. 또한, 빈칸 뒤에서 이를 통해 온라인 쇼핑객은 제품을 더 빨리 찾고 비교하며 구매한다는 내용이 있으므로, 빈칸에는 웹사이트는 쇼핑객의 과거 검색과 관련된 캐시에 저장된 정보를 얻어 '④ 맞춤형' 제품을 보여주는 것을 가능하게 만든다는 내용이 들어가야 한다.

해석

패션 산업에서, 소비자의 참여를 유지하는 것은 소매업자가 그들 고객의 특정 수요에 맞는 제품을 제공하도록 요구한다. 이것의 근본적인 이유는 단순하다. 무수한 구매 선택지들이 있고, 판매자는 눈에 띌 필요가 있다. 최근 몇 년 동안 온라인 상점들이 이것을 수행한 한 가지 방법은 개인화를 채택하는 것인데, 이것은 정보 수집을 통해 달성될 수 있으며 종종 제품 추천이나 선별된 콘텐츠를 제공하는 특별 이메일의 형태로 나타난다. 개인화의 원인이 되는 개념은 간단한데, 쇼핑객은 시간을 절약하고 그들이 원하는 것을 정확히 찾아내길 바란다는 것이다. 따라서, 웹사이트는 쇼핑객의 과거 검색과 관련된 캐시에 저장된 정보를 얻고, 이것은 맞춤형 제품을 보여주는 것을 가능하게 만든다. (알고리즘은 수집된 데이터를 분석하여 쇼핑객의 구매 성향을 예측한다.) 이렇게 하여, 온라인 쇼핑객은 제품을 더 빨리 찾고, 비교하며, 구매한다.

① 예기치 않은   ② 멀리 떨어진
③ 만연하는   ④ 맞춤의

어휘

engagement 참여 retailer 소매업자 suit 맞다, 적합하다
rationale 근본적인 이유, 근거 a plethora of 무수한, 지나치게 많은
stand out 눈에 띄다 personalization 개인화 curate 선별하다
draw (결론 등을) 얻다, 도출해 내다 cache 캐시(고속 기억 장치)에 저장하다
display 보여주다, 나타내다 analyze 분석하다 proclivity 성향
unexpected 예기치 않은 remote 멀리 떨어진
pervasive 만연하는, 스며드는 tailored 맞춤의

구문분석

[5행] One way / that online shops have done this in recent years / is by adopting personalization, / which is achievable through data collection / and oftentimes comes in the form of product recommendations or special emails offering curated content.
: 이처럼 '콤마(,) + which'가 이끄는 절이 선행사를 꾸미는 경우, '그런데 이것은 ~'이라고 해석한다.

20 독해 빈칸 완성 – 절   난이도 중 ●●○

밑줄 친 부분에 들어갈 말로 가장 적절한 것을 고르시오.

Since Facebook announced it was changing its name to "Meta," an allusion to the new concept of the online world called the "metaverse," people have been intrigued by the idea of the new interactive virtual space. At its most basic, the metaverse seeks to take connectivity to the next level by allowing people to interact with digital and real-world elements using virtual reality devices, but this new technology brings up some old problems. First, with social media companies already embracing the metaverse, there are concerns that the practice of relying on users' personal data to sell advertising will make its way into the metaverse as well. In addition, the data they collect could allow companies to track us more easily and accurately. Consequently, the privacy issues currently affecting cyberspace must be resolved, or else _____. Companies like Facebook

and Google already monitor our online activity, but the metaverse will give them access to offline actions and relationships too.

① they won't be noticed
② that should be traced
③ they will be compounded ✓
④ that might be misinterpreted

해설

빈칸 앞부분에서 메타버스로 인해 발생 가능한 사생활 문제들을 제시하고 이것들이 해결되어야 한다고 언급한 후, 빈칸 뒤 문장에 메타버스가 이미 우리의 온라인상 활동을 감시하고 있는 회사들에게 심지어 우리의 오프라인 활동과 관계에 대한 접근도 허용할 것이라는 내용이 있으므로, 빈칸에는 현재 사이버 공간에 영향을 미치는 사생활 문제들이 해결되지 않으면 (우리는 온·오프라인 양쪽으로 추적되어) '③ 그것들은 악화될 것'이라는 내용이 들어가야 한다.

해석

페이스북이 '메타버스'라고 불리는 온라인 세계의 새로운 개념을 암시하는 '메타'로 그것의 이름을 바꾸고 있다고 발표한 이후, 사람들은 새로운 대화형 가상 공간에 대한 발상에 강한 호기심을 갖게 되었다. 가장 기본적으로, 메타버스는 사람들이 가상 현실 기기를 사용하여 디지털 및 현실 요소와 상호 작용하게 함으로써 연결성을 다음 단계로 끌어올리려고 하지만, 이 새로운 기술은 몇몇 오래된 문제들을 초래한다. 첫째, 소셜 미디어 기업들이 이미 메타버스를 도입한 상황에서, 사용자의 개인 정보에 의존해 광고를 판매하는 관행이 메타버스에도 영향을 미칠 것이라는 우려가 있다. 또한, 그들(기업)이 수집한 정보는 기업들이 우리를 더 쉽고 정확하게 추적하게 할 수 있다. 결과적으로, 현재 사이버 공간에 영향을 미치는 사생활 문제들이 해결되어야 하며, 그렇지 않으면 그것들은 악화될 것이다. 페이스북과 구글 같은 회사들은 이미 우리의 온라인상 활동을 감시하고 있지만, 메타버스는 그들에게 오프라인 활동과 관계에 대한 접근도 허용할 것이다.

① 그것들은 인지되지 못할 것이다
② 그것은 추적되어야 한다
③ 그것들은 악화될 것이다
④ 그것은 잘못 해석될 수 있다

어휘

allusion 암시 intrigue 강한 호기심을 불러일으키다
interactive 대화형의, 상호 작용을 하는 virtual 가상의
connectivity 연결성 bring up ~을 초래하다
embrace 도입하다, 수용하다 track 추적하다 consequently 결과적으로
resolve 해결하다 give access to ~에 대한 접근을 허용하다
notice 인지하다, 알다 trace 추적하다 compound 악화시키다
misinterpret 잘못 해석하다

공무원 교육 1위*

해커스공무원

합격생을 만드는 해커스공무원의 전문 시스템

해커스 스타강사
최신 인강 제공

공무원 수험 전문
담임선생님의 빡센 학습관리

해커스공무원
전문 교재

전과목 스타강사진
1:1 질문/답변 시스템

해커스공무원 노량진캠퍼스

동작구 노량진로 162 한주빌딩 4층   02 599 0500

* 1호선 노량진역 1번 출구
* 9호선 노량진역 3번 출구

▲
학원 수강신청
바로가기

▲
인강 수강신청
바로가기

서울특별시 동작관악교육지원청 제3122호 해커스공무원학원 | 교습과목, 교습비 등 자세한 내용은 gosi.Hackers.com에서 확인하실 수 있습니다.

* [공무원 교육 1위 해커스공무원] 한경비즈니스 2024 한국품질만족도 교육(온·오프라인 공무원학원) 1위

상담 및 문의전화 1588-4055   해커스공무원 gosi.Hackers.com

해커스공무원 gosi.Hackers.com

공무원 학원 · 공무원 인강 · 공무원 영어 무료 특강 · 공무원 면접 무료 특강 ·
온라인 모의고사 · OMR 답안지 · 핵심 단어암기장 · 모바일 자동 채점 및 성적 분석 서비스 · 공무원 보카 어플